Dieses Buch ist meinen zwei Stützen gewidmet
Frau Devi Rada Rageth, Psychotherapeutin
und Dr. Kai Gänger, Psychiater, Oberarzt,
die mir immer wieder auf die Beine helfen,
wenn ich wieder einmal gestrauchelt bin,
mich in Krisen unterstützen und
mich motivieren weiterzumachen
im Kampf für das Leben.

Brigitte Riederer

Sens- und Nonsens-Gedichte 1

Gedichte - Der Sinn des Unsinns

BoD-Verlag

Bibliografische Information der Deutschen Nationalbibliothek:
Die Deutsche Nationalbibliothek verzeichnet diese Publikation in der Deutschen Nationalbibliografie; detaillierte bibliografische Daten sind im Internet über http://dnb.dnb.de abrufbar.

©2016 Brigitte Riederer

©Umschlagmotiv: gemalt von Brigitte Riederer

Herstellung und Verlag:
BoD - Books on Demand, Norderstedt

3. Neuauflage
ISBN 978-3-7412-9358-0

Inhaltsverzeichnis **Seite**

Widmung 002
Inhaltsverzeichnis 005
Vorwort 007
Gedichte 009
Glossar 268
Autorenportrait 275

08. 12. 2008 - 27. 02. 2009
Chronologische Reihenfolge

Vorwort

Wenn Lyrikbesessene den vorliegenden Sammelband „Sens- und Nonsens-Gedichte" von Brigitte Riederer gelesen haben werden, dann wird im Inneren aufsteigen Christian Morgenstern, der dazu gesagt haben dürfte: Es muss durchaus, was auch von all denen, deren Blick, weil sie unter Sonnen, die, wie es im Poeten dichtet: „versengen statt zu leuchten", geboren sind, verborgen ist, nicht ohne Grund festgestellt wird, dass hier einem sozusagen und dem Zeitgeist entsprechend (oder doch nicht?) dieselbe im Absturz als Hypnos gesehen, hypnotherapeutischen Moment ersten Ranges – immer angesichts dessen, dass, wie unten, keine mit Samthandschuhen des Pudels Kern (vielleicht Faust I) ihrer schlechthinigen Unvoreingenommenheit und Hoffnung auf eine, sagen wir bahnsinnige oder wesenzielle Erweiterung des erweiterten Stoffgebietes zusamt mit der Gleichheit des Christenmenschen vor dem Gesetz ihrer Volksseele zu verraten sich zu entbrechen den Mut, genauer gesagt, die Frechheit haben wird, einen Moment, wie ihm in Handel, Wandel, Schwandel und Tandel also allüberall dieselbe Erscheinung, dieselbe Frequenz den Arm bieten, und welches bei allem, ja vielleicht gerade trotz alledem, als ein mehr oder minder verbesserungswürdiger Auswuchs einer wohlbekannten und im weitesten Sinne exorbitanten Weltauffasserraumwortkindundkunstanschauung kaum mehr zu unterschlagen versucht werden zu wollen vermag – gegenübergestanden und beigewohnt werden zu dürfen gelten lassen zu müssen sein möchte.

In diesem Sinne wünscht Vergnügen beim Lesen und Immerwiederlesen

Kai Gänger

ich reibe
mit der scheibe
eine karotte
da kommt ne motte
ganz und gar ne flotte
und frisst die karotte
mit haut und haaren auf
da hau ich eine drauf
auf die motte
die flotte
bis sie ist ganz platt
wovon werde ich nun satt?

drei kerzen scheinen
man würde meinen
grad in mein herz hinein
doch so soll es sein
bei kerzenschein
und einem glas wein
und du bist mein
und ich bin dein

wir bilden einen kreis
und haben dabei „mais"
dann fängt es an zu dröhnen
und ich fang an zu stöhnen
weil es ist so schrecklich heiss
und ich habe lust auf eis

welch heitere wonne
vom himmel scheint die sonne
hinein in mein herz
das lindert meinen schmerz
den ich in mir trage
da stellt sich nun die frage
wie lange noch
hock ich im loch?

die sterne leuchten am firmament
niemand der sie alle kennt
mit ihren namen
amen

der ball er rollt
der torwart grollt
ins eigne tor hinein
ach ist das gemein

einen ring mit zwei blutroten steinen
der bringt mich fast zum weinen
du schenkst ihn mir
ich bleibe dir
treu bis an mein lebensende
doch dann kommt die wende
ich bin tot
und du siehst rot
ein leben ist erloschen
war es einen groschen
wert?

meiner
ist so schön wie keiner
wenigstens für mich
wie es ist für dich
das weiss ich nicht
ich muss dich fragen
um dir zu sagen
ob er dir
gefällt wie mir

sternenschnuppen himmelszelt
und ne menge gutes geld
was soll ich machen
mit all den sachen
die ich habe mir gekauft?

die kugel rollt
der donner grollt
der hagel zieht hinüber
über alle pflanzen drüber
ich steh unterm grossen dach
und bin plötzlich wieder wach

unter einer fichte
schreibe ich gedichte
da kommt mir eine lichte
gestalt entgegen
ich frag sie eben
woher sie kommt
sie sagt zu mir
ich zeig es dir
lass alles liegen
und wir fliegen
zu mir nach haus

unterm himmelszelt
da liegt meine welt
und ich versuche
mit einem buche
unterm arm
zu lesen
was ist gewesen
in letzter zeit
und ich mache mich bereit
da gibt es streit
zwischen zwei kindern
und ich versuche ihn zu lindern

da kommt ne biene
ne ganz kühne
fliegt auf mein brot
schon ist sie tot

geht die sonne unter
dann werde ich erst munter
und versuche
unter einer buche
zu schreiben gedichte
da kommt ne nichte
und wir gehn spazieren
wir verlieren
einen schal
ach denk ich mal
das ist nicht so schlimm
und ich nimm
eine nelke
eine welke
vom boden auf

die sonne scheint
ich hab gemeint
nur für mich allein
ich kann sein
in ihrem schein
und ich denke sie ist mein

der vollmond lacht vom himmel
und ich stehe im getümmel
von dieser menschenmenge
ach ich hasse diese enge
und such mir einen weg
da find ich einen steg
ich nehme diesen
da liegt mir zu füssen
ein grosser fisch
ich leg ihn auf den tisch
und hole ein messer
das eignet sich besser
als eine gabel

ich stehe auf nem kabel
vor dem Turm zu Babel
da kommt ne mücke
die ich zerdrücke
drücke sie ganz fest
so geb ich ihr den rest

da kommt ne dohle
auf leiser sohle
und fliegt durch den ring
das ist n ding
sie fliegt ganz leise
in einer weise
so zart und schön
doch ich muss leider gehn
und kann nicht sehn
ob sie fliegt weiter
ohne müh und heiter
nochmals durch den ring

sternenschnuppen himmelszelt
ach ich lieb die ganze welt
lieb die welt so wie sie ist
und auch dich so wie du bist
möchte bleiben immer hier
weils auch gibt so gutes bier
einmal eine fahne tragen
um sich selber dann zu sagen
ich bleibe gerne wie ich bin
und hat das leben einen sinn
dem ich renne „hintendrein"
ach das kann es doch nicht sein
nicht zu kennen seinen sinn
dabei bin ich mittendrin
im leben
eben

das ist
n mist
zu sein alleine
du weisst was ich meine
niemand zum streiten
und die nachbarn reiten
auf ihren pferden
durch die herden
der kühe
mit viel mühe

der wind der wind
er bläst geschwind
um die ecken
und tut mich wecken
zähle jetzt schafe
bis ich wieder schlafe
und kuschle mich in decken
niemand tut mich mehr wecken

ich hab zu viel gekauft
die haare hab ich mir gerauft
weil niemand will die sachen
welche sollen glücklich machen
doch was heisst denn glück?
das ist doch nur n stück
von einem moment
der noch niemand kennt
und dann kommt der morgen
ich versuche ohne sorgen
das leben zu geniessen
dann fängt wer an zu schiessen
aus einem gebüsch
nun gibt es leichen frisch
vor dem gebüsch

montags um halb vier
gibts für mich ein bier
was soll ich hier
so mit nem bier
montags um halb vier?
ich könnt es trinken
und versinken
in meinen gedanken
ach hätt ich ein paar „franken"
um zu tanken
meinen wagen voll
das wäre toll
dann könnt ich fahren
mit den jahren
durch die jahreszeiten
die mich begleiten
auf meinem weg
bis da kommt ein steg
und ich mir überlege
welchen der wege
soll ich nun gehen
und lass den wagen einfach stehen

freude spüre ich
weil ich halte dich
in meinen armen
den warmen
und wir spüren beide
unter der trauerweide
was uns verbindet
und wer das findet
der kann sich freun
bis morgens um neun
und noch weitere stunden
denn wir sind verbunden
bis dass der tod uns scheidet

die see ist rau
der himmel grau
wir schaukeln auf dem boot
hin zum abendrot
die see ist wild
was für ein bild
wir haben keine segel mehr
was mir macht sorgen sehr
wir lassen uns treiben
können hier nicht bleiben
in richtung der sonne
ach welche wonne
dort wird es wärmer
und ich bin ein bisschen ärmer
an zuversicht
da kommt ein wicht
und zieht uns ans ufer
ganz langsam und sacht
und über uns wacht
ein vogel gross
es ist famos
die ganze zeit
er war bereit
denn unser boot
das war in not

ich esse lieber was ich will
zum beispiel ein stück fleisch vom grill
ein stück zartes
daneben gart es
in einer pfanne
ich sitze in der wanne
und fange an zu singen
könnt ihr mir bringen
mein stück fleisch vom grill
das ich jetzt essen will?

das leben
eben
es ist hart
nicht nur der start
möcht vor ihm fliehen
ums nicht zu spüren
das leben
eben

ich schreibe
mit ner kreide
auf ein leeres blatt
ich habe alles satt
das ganze leben
eben

überm see das alpenglühen
ja ich werde mich bemühen
zu sein ganz leise
nein ich „habe keine meise"
doch spielt einer eine weise
die für mich ganz herrlich klingt

scheiben hier und scheiben dort
überall an jedem ort
passen muss man auf
dass sie gehn nicht drauf
wenn man fussball spielt
und sich nicht an regeln hielt
könnt es krachen
s gibt solche sachen
dann gibt es scherben
dann kommen die erben
die wollen geld sehn
und keiner kanns verstehn

ich verweile
ohne eile
an einem weiher
und esse eier
hab viele gedanken
die lassen mich „wanken"
fall fast in den weiher
doch ohne eier

zwei streunende hunde
sind im bunde
mit der macht
die über uns wacht
im himmel oben
wir können sie nur loben
denn sie hält ihre hand
über jeden mensch im land

an einem schönen strand am meer
möchte ich verweilen
dort wo es mir gefällt so sehr
und mich nicht mehr muss beeilen
aufs boot zu gehen
und ich kann sehen
ganz viele muscheln
und wir tuscheln
ganz leise
damit wir hören
mit unseren ohren
den wind und die wellen
die möwen mit grellen
schrein in die stille
es ist mein wille
noch weiter zu gehen
kann niemand mehr sehen
im weissen sand
am klaren strand

einen kreis in den sand
und einen kreis dort an der wand
habe ich gemalt
und jeder strahlt
dieser kreise
da kommt ne meise
und fliegt ganz leise
durch die kreise

fünf ringe halt ich in der hand
die spiegeln sich dort an der wand
wolln sein getragen
drum lass dich fragen
willst du einen
am finger deinem
einer hand?

eine kugel die ist rund
und ein apfel ist gesund
lass die kugel rollen
und die äpfel sollen
gut für die verdauung sein
also äpfel kommt seid mein

der Herr der Ringe
der macht dinge
die ich nicht mehr kann verstehn
doch ich versuch zu sehn
wie das geht
was da steht

das huhn kriegt einen ring
das ist n ding
der vogel hat auch einen
man könnte meinen
jedes ding
hat seinen ring

mein geliebter ruft nach mir
also muss ich gehn von dir
muss gehn von zu hause
stand unter der brause
nur für dich

es weidet
ein weisses pferd
und ich steh am herd
bin am kochen
für die nächsten wochen
hab viel zu tun
und keine zeit zum ruh
da kommt ne meise
und spielt ne weise
so lieblich und schön
ich könnte weinen
es berührt mich im herzen
es treten auf schmerzen
drum muss ich gehn
auf wiedersehn

zwei kinder treffen sich am strand
werfen kugeln in den sand
wer trifft weiter?
sie sind heiter
die kinder im sand
dort unten am strand

ich schreibe wieder
mal nieder
was mich bedrückt
ich bin gar nicht so entzückt
es sind probleme viele
drum hab ich mühe
mit dem leben
eben

das wetter spielt heut so verrückt
davon bin ich nicht entzückt
ich hock mich in mein zimmer
und das für immer
bleib darin hocken
mit warmen socken
möchte nur noch bleiben
und darin schreiben

der kreis meines lebens
hat sich heut geschlossen
seid nicht verdrossen
ich hab es so gewollt
denn ich kann entscheiden
ob ich will bleiben
oder gehn

es reift schon das korn
und ich habe nen dorn
in meiner linken hand
der kommt von jenem busch
an dem ich bin husch
vorübergerannt
verdammt

ich treffe wieder
zwei liebe brüder
die wollen tanzen
mit ihrem ranzen
das mag ich nicht
die sind ja nicht ganz dicht

ne motte ist gefrässig
das weiss ich zuverlässig
von einem herrn
aus Bern

zwei brüder klauen
den alten frauen
die taschen weg
das ist nicht nett
sie kommen ins gefängnis
jetzt sind sie in bedrängnis

hab ihn gefragt
drum hat er gesagt
s wird heute nass
ich öffne das fass
damit der regen
der segen
das fass kann füllen

es drückt der föhn
oh wie schön
durch das tal
fast überall

das boot in wilden wogen
wird gezogen
durch das meer
von einem heer
einhörner
die fressen dann die körner
welche liegen am strand
im sand

man könnte meinen
der mond tut scheinen
doch tut ers nicht
der blöde wicht
hält sich verborgen
ich mache mir sorgen
ob er noch oben hängt

wasser wind und leben
das sind eben
drei wichtige dinge
doch ich bringe
sie nicht auf die reihe
das war nicht immer so
früher sagte ich hallo
zu wasser wind und leben
doch ich hoffte vergeben
dass sich das ändern wird
drum steh ich weiterhin am herd
dort warte ich darauf
bis bei mir der knopf geht auf
und es sich wendet
das blatt für mich

auf dem herd da steht ein topf
und ich habe was im kopf
dann wolln wir essen
doch ich habs vergessen
denn es ist so
ich hab schon was in meinem kopf
doch das ist stroh

einsam geh ich weiter
meinen lebensweg
bin gar nicht heiter
zu danken hab ich dir so viel
drum höre gut es ist mein ziel
zu leben auf eigenen füssen
drum lass dich nochmals grüssen

die mücken tanzen
und es „schwanzen"
die hunde vorbei
mir ist das einerlei

der kreis meines lebens
schliesst sich heute
drum liebe leute
lasst korken knallen
und sagt allen
was ist passiert
ich hab es so gewollt
hab mich entschieden
vor vielen jahren
mit grauen haaren
zu diesem schritt
meinem letzten
auf dieser welt
doch ich komm wieder
drum seid nicht traurig
denn das wär schaurig
es war mein wille
ich kann entscheiden
ob ich will bleiben
oder gehn

um alle ecken schleicht der tod
wer ihm begegnet der sieht rot
einsam ist er darum
ich sag dir auch warum
weil alle ihn fürchten
ein leben lang

an der decke hängen ringe
und viele viele andre dinge
sie hängen dort
und du gehst fort
wohin gehst du?
frag ich im nu
geh einfach weg
mag nicht mehr sein
mit dir allein

es stürmt und macht
der donner kracht
ich verkriech mich lieber
bis alles ist vorüber
in meinem bett
dort ist es nett
und zieh die decke mir
über den kopf
so halt ichs aus
kommst du draus?
eine ganze weile
denn ich bin nicht in eile
bis alles ist vorbei

wir werfen scheiben
wir tanzen reigen
wir sind am festen
um dich zu testen
was du magst trinken
in deinen „finken"
und wir staunen
und es geht ein raunen
durch die menschenmenge
weil du magst saufen
wie ein haufen
kamele

ich kenne eine dumme kuh
die macht muh
immerzu
anstatt zu fressen
das gras der wiese
auf der sie weidet
frisst sie lieber gemüse
und scheidet
das dann auch aus
oh welch ein graus

ein geschenk für meinen engel
denn Déby ist nun gar kein bengel
sie kann beglücken
und entzücken
der menschen viele
sie hat gefühle
ein geschenk ist sie
für alle die
welche dran glauben
dass es engel gibt

sie ist eben gar nicht faul
drum hau ich ihr aufs maul
dieser kleinen mücke
dann reiss ich sie in stücke
dass sie endlich hält ihr maul
und sich verzieht auf einen gaul

es ist mal ganz still
drum sag ich was ich will
red über meine gedanken
die mich bringen oft ins wanken
ich möchte auch sagen
dass ihr mich dürft fragen
jederzeit
ich bin bereit

wir stehn im kreise
und sind ganz leise
weil wir was spielen
wir müssen fühlen
des nachbars hand
da kommt ein hund
seine schnauze hält er
und dabei bellt er
vorbei ist das spiel
das war zu viel

ich stelle eine leiter
an des hauses wand
und steige heiter
auf die leiter
die am hause stand
doch mir vergeht
das lachen
das sind ganz dumme sachen
die leiter fällt um
und ich mit ihr
aber glaube mir
rein ins frisch geschnittne gras
ach das war was
habe mir nicht weh getan
doch ich bin voller gram
weil die leiter
jetzt ist kaputt

frau Meier
holt eier
beim bäcker um die ecke
da steht sie auf ne schnecke
frau Meier rutscht aus
und die eier fallen raus
die eier sind platt
doch frau Meier noch nicht satt
drum geht sie nochmals zum bäcker
und holt sich „Kräcker"
die gehen nicht so schnell kaputt

es tragen mich meine füsse
von dort send ich dir grüsse
von einem ort
ich bin dort
für eine weile
ohne eile

ich fahre gerne ski
doch du „muäsch sii däbii"
dann fahrn wir hoch und runter
solange wir sind munter
wenn wir dann müde werden
gehn wir mit den menschenherden
mit der bahn zurück
das ist ein ganzes stück
dann ziehn wir aus die schuhe
und gehen ganz in ruhe
und trinken einen tee
juhe

der „samichlaus" bringt nüsse
und manchmal auch noch grüsse
aus dem fernen wald
doch bald
die kinder glauben
mit grossen augen
nicht mehr an ihn
dann ist er traurig
und das tönt schaurig

im bauch hatt ich ne kugel
die hat sich nur gedreht
viele monate war sie dort
und drehte sich am selben ort
meine kugel im bauch
sie sagte mir auch
gar nicht bös
du bist ganz nervös
versuchte zu kotzen
die kugel aus
doch sie kam nicht raus
dann hab ich sie gemacht aus ton
jetzt ist sie weg
ich glaube schon

mit vollen händen
an dicken wänden
geh ich vorbei
und es ist einerlei
in welche richtung
ich weiter geh
ich geh geradeaus
da treffe ich ne laus
die klagt mir ihr leid
sie ist gerade heut
zwanzig jahre alt
doch es kommen keine leut
und das lässt sie nicht kalt

die kugeln rollen
und wir wollen
ein gutes essen
und kein fressen
in diesem lokal
wir sitzen im saal
und sind am warten
da kommen die karten
zum bestellen
was wir wollen

ich esse eine banane
da kommt ne dame
und will ein stück
von meiner banane
die dame
ich gebe ihr natürlich nichts
und sage zu der dame
sie könne sich kaufen
im laden draussen
eine banane
für ein paar cent

eine gute fee
bestellt sich einen tee
damit sie kriegt kraft
und auch saft
für den weiten weg
der noch vor ihr liegt

es kriecht ne schlange
ne ganz lange
auf mich zu
ich renne weg im nu
doch sie kommt näher
ich schau wie n späher
ob sie kriecht weiter
nein sie bleibt stehn
und ich kann heiter
des weges gehn

die motten
an den klamotten
hab ich gar nicht gern
doch wie halte ich sie fern?
mit nem spray in der dose
verneble ich meine hose
die motten keuchen
und fleuchen
aus den hosen raus
das ist ihr ende
und ich klatsch mir in die hände

eine banane die ist krumm
das weiss schon jedes kind
wär ich gerade
wärs jammerschade
denkt die banane
und biegt sich noch mehr

auf der mauer sitzt ne katze
sie hält fest mit ihrer tatze
eine maus
die sprang aus ihrem haus
grad in die tatze
der katze

im auto übers land
möcht ich heut fahren
doch mein verstand
sagt
mit deinen jahren
ist es gefährlich
noch auto zu fahren
so lass ichs eben sein
und hocke daheim

was soll ich hier noch lange warten?
s ist zwar schön in diesem garten
doch das hocken tut schon weh
drum sage ich ade
ade ihr schönen bäume
wo ich hatte viele träume
ade du bächlein klein
wo ich die füss hielt rein
ade ihr vöglein alle
sie sangen nur für mich

ich hock hinterm fenster
und seh nen gangster
der steigt bei nachbars ein
und holt sich dort wein
ich schau dem gangster zu
wie er in aller ruh
den keller leert
mit feinem wein
den er säuft allein

ich weiss es nicht
bin ich ein wicht
ein ganz kleiner?
und alle sagen
der ist meiner
doch fragt keiner
wies ist für mich
zu sein so klein
doch ich bin mein
das weiss ich sicher
drum les ich bücher
damit mein wissen
nicht beschissen
werden kann

bei diesen tiefen preisen
geh ich gern auf reisen
leute schaut her
ich bin am blauen meer!
ich leg mich an die sonne
und fühle eine wonne
durch meinen körper strömen
da kommt ein krebs daher
aus dem blauen meer
und piekst mich in den zeh
au weh au weh au weh
in nimm den krebs und werf ihn fort
an einen andren ort
dann geh ich humpelnd an den strand
und spaziere im weissen sand

die vielen mücken
die entzücken
mich ganz und gar nicht
ich hol ne klapse
damit ich platt seh
die vielen mücken

wer kann mir pumpen
einen „lumpen"
hier läuft das öl aus
es ist ein graus
drum will ich fegen
und dabei träume hegen

ich tanze gerne tango
und du bist mein „gang go"
ich schick dich hin und her
bis du magst nicht mehr
und du sagst zu mir geh selber
drum geh ich in die wälder
und tanke frische luft

ich gehe einen bach entlang
und fang
ganz schnelle
eine forelle
die tu ich braten
ess sie in raten
weiss nicht was morgen
ich ess zum „zmorgen"
drum behalt ich die resten
von meinem fisch
der kommt dann auf den tisch

die Lotte
die flotte
leiht mir ihren wagen
so komm ich ohne zu zagen
von einem ort zum andern
dort geh ich wandern
das wetter ist ganz angenehm
und ich kann mal was andres sehn
als nur die Lotte
die flotte

Max trägt eine perücke
er tat so wild
dass sie verrückte
jetzt ist er blossgestellt
und er versteckt sich vor der welt
denn alle lachen
über solche sachen
doch der Max hat „halt" kein haar
und das ist wahr

alles ist vergessen
und die leute fressen
soviel wie immer
nein noch schlimmer
bis sie fast zerplatzen
und ihre kleider
werden leider
viel zu eng
dann kommt der schneider
und passt die kleider
wieder neu an
so geht es weiter
immerzu heiter
mit dem fressen
denn alles ist vergessen

der esel ist ein tier
und ich bin hier
zwar bin ich kein esel
und auch kein wiesel
doch dumm wie ein esel
das bin ich schon
denn ich hab vergessen
vor dem essen
zu gehn aufs klo
ja das ist so

lauter matrosen
mit weissen hosen
sind dort am strand
im heissen sand
verbrennen sich die füsse
und senden grüsse
vom fernen land
und darin stand
wir kommen wieder
denn wir sind brüder
bis der tod uns scheidet
und dort drüben weidet
ein pferdepaar
mit schneeweissem haar

da kommt eine ameise
und flüstert mir leise
eine melodie ins ohr
mit nem grossen chor
da kommt ein vogel
und sieht die ameise
und die springt leise
in ihren bau hinein
denn dort ist sie daheim

am sonntag kommen wir
mit diesem auto hier
über stock und steine
es rütteln die beine
und auch der busen
ich könnte „pfusen"
da im auto drinnen
doch es ist innen
zu wenig platz
doch mein schatz
ist auch dabei
darum ist es mir einerlei

ich liebe dich
drum könntest du mich
auch mal begleiten
zum reiten
um dann zu zweit
im gras zu sitzen
oh welch ein entzücken
mit dir allein
im mondenschein
und er schaut runter
und meint ganz munter
ein paar das sich liebt
dass es so was noch gibt

es kommt ein hund daher
das freut mich so sehr
ich halt ihn an der leine
doch er hat gar keine
jetzt wird es schwer
wie soll ich nun
ihn nehmen
an die leine
wenn er hat gar keine?

sie lassen die korken knallen
und wünschen allen
ein frohes jahr
das ist doch klar
mit lauter segen
und wenig regen
ganz ohne sorgen
nicht nur bis morgen
und vielen festen
dann gibt es resten
das sind die besten
vom ganzen menü

eine kleine biene
mit böser miene
fliegt auf mich zu
ich hau im nu
auf die kleine biene
mit der bösen miene
jetzt ist sie „zu"
und lässt mich in ruh

lass mich in ruh
ich bin so „zu"
hab zuviel gesoffen
dabei getroffen
viele leute
von heute
jetzt bin ich am schwanken
geh nochmals „tanken"
nen humpen bier
kommst du auch mit mir?

er ist ganz hinüber
aber darüber
lachen wir nicht
dir ins gesicht
wir schmunzeln leise
im stillen kreise
vor uns hin

eine eiche
ganz ne bleiche
schicke ich zur kur
doch was macht sie nur?
sie geht saufen
und sich raufen
mit anderen eichen
ich stell die weichen
und schick sie wieder heim

ich gehe weiter
ganz froh und heiter
da kommt ein kind daher
das freut mich so sehr
wir gehn zusammen
vor den fenstern „hangen"
die wäscheleinen
man könnte meinen
die sonne scheint
doch der himmel weint

die alte tanne
zieht mich in ihren banne
schreibe darunter
bin immer noch munter
in mein buch
aus rotem tuch

hast mich verlassen
drum geh ich „jassen"
den ganzen tag
solang ichs vermag
sind leer
die taschen
werd ich vernaschen
ein „häschen" mehr

was soll ich auch machen
find keine sachen
die ich nicht schon kann
mein lieber mann
muss ich noch lernen
was die im fernen
europa schon können
und machen mit wonnen?
das „gurkt" mich an
mein lieber mann

der wind ist still
er macht was er will
dann bläst er um die ecken
er wird mich wecken
aus meinem schlaf
das ist nicht brav

komm sprich leiser
ich bin heiser
muss nehmen eine tablette
doch ich geh zur toilette
und spucke sie aus

fang an zu suchen
unter den buchen
nach neuem leben
nach kleinen pflänzchen
dann mach ich ein tänzchen
grab sie aus der erde aus
und nehme sie zu mir nach haus
und es werden daraus pflanzen
und ich kann tanzen
um sie herum
du fragst dich warum?

wenn der schnee am boden liegt
bin ich meistens ganz betrübt
mag nicht mehr schaufeln
und nicht mehr straucheln
auf dem eis
denn das ist heiss
könnt mich verletzen
dann muss ich sitzen
zu hause alleine
und kann nicht mehr stehn auf die beine

eine wanze ganz ne schlaue
sie hatte haare graue
ging spazieren
unter den föhren
mit ihrem hut
so wie sies immer tut
geht zu besuch
zu einer fee
die wohnt im klee
die beiden tanzen
und ein chor von wanzen
singt leis dazu

er wird gehen
wir können es sehen
nur mit den füssen
er wird es büssen
mit vielen blasen
drum geht er im rasen
ohne strümpfe
auch durch die sümpfe
auf „bluttem" fuss

zwei ballone
ohne
gas
fliegen in den himmel
dort werden sie ganz blass
sie sehn die bimmel
vom weihnachtsmanne
der unter einer tanne
ein nickerchen macht
sie wecken ihn ganz sacht
und fragen
wo sind die gaben
für die kinder
auf dieser welt?

das orchester
in diesem semester
das spielt so laut
s geht unter die haut
die balken biegen
sich auf Rügen
zu der musik

ich les in einem buch
dann nehme ich ein tuch
und wisch mir weg den schweiss
denn es ist so heiss
s hat keinen schatten
nur verdorrte „matten"
ich habe durst
und will ne wurst

oh du meine liebe
es weidet eine ziege
neben unsrem haus
nein es ist noch nicht aus
es geht weiter
blumig und heiter
mit der geschichte
es kommen die wichte
aus dem wald
schon bald
die wollen tollen
und sich rollen
auf der wiese
da kommen auch noch feen
als sie sehen
die wichte
neben der alten fichte
sich tollen
und rollen

früher lebten die leute hier in der stadt
doch heute es nicht mal „züge" mehr hat
die stadt ist verlassen
die leute besassen
viel geld und gold
doch dann hat sie geholt
die vergangenheit ein
die minen blieben leer
drum gab es nichts mehr
und alle zogen fort
aus diesem elenden ort

die feen tanzen einen reigen
in der fichte zweigen
es ist wie im märchen
es bilden sich pärchen
von wichten und feen
ich habs genau gesehen

im kreise meiner lieben
doch die sind durchtrieben
so wie ich auch
muss ich mir halten den bauch
denn ich hab gegessen
ja sogar gefressen
zuviel am morgen
jetzt habe ich sorgen
mit meinem bauch
doch recht geschieht mir auch

dem bauern
dem lauern
sie auf
um zu hauen eine drauf
auf seinen kopf
mit einem topf

ich liebe dich von herzen
dazu gehörn auch schmerzen
wir machen alles gemeinsam
keiner ist einsam
von uns auf der welt
das ist es was zählt
da kommt aus dem klee
eine gute fee
die sagt zu uns ganz leise
in einer sanften weise
wir hätten drei
wünsche frei
wir wünschen uns freiheit
um können zu machen
nur tolle sachen
wir wünschen uns zu spüren
und nie mehr zu frieren
wir wünschen uns gemeinsam
damit wir nicht sind einsam
zu werden alt

wir flüstern ganz leise
in schönster weise
uns zu liebe dinge
wir tauschen die ringe
und nach vielen tagen
hast du viele fragen
wann kommt das feine
das ganz kleine
menschlein dazu?
ich möchte es drücken
zu meinem entzücken
und ihm flüstern ins ohr
du bist noch kein jahr
auf dieser welt
und s gibt nur noch dich was zählt

im mondenschein
nur wir allein
flüstern uns zu
nur ich und du
etwas ganz liebes
dann tun wir es
und wir warten
und schreiben schon die karten
bis es ist so weit
und ein menschlein schreit

ohne grund
bellt der hund
kein einbrecher in sicht
drum ist der hund ein armer wicht
kriegt jetzt eins auf die schnauze
und der hund der bauzte

wir müssen schauen
dass wir können bauen
grad neben dem klee
dort unten am see

wir haben ein boot
das ist schön rot
dort auf dem wasser
dann wird es krasser
es kommt ein sturm
und ich seh einen wurm
der kringelt sich vom wasser weg
geradezu auf einen steg
der sturm zieht vorbei
jetzt ist es einerlei
das boot geht unter
jetzt liegts dort drunter
unten im see
oje

es ist mein wille
noch zu gehen
dort in der stille
am strand
im sand

wir fahren im schnee
juhe juhe
auf unseren „brettern"
und wir „wettern"
weil nicht die sonne
oh welche wonne
am scheinen ist
so ein mist

lieben zu können
mag keiner mir gönnen
doch das ist egal
du gehörst mir nun mal
wir gehen gemeinsam
und sind nicht einsam
unsern weg zusammen
bis wir sind alt
und einer stirbt
der andere dirbt
dann vor sich hin
das ist nicht der sinn
von der geschichte
doch ich beende
sie jetzt
sonst wirds noch traurig
und das ist schaurig
und gar nicht schön
denn eine liebe soll nicht vergehn
sie soll bleiben bestehn
bis beide gehn

der winter kommt mit donner
weg ist der sommer
es wird kälter
ich werde älter
mag nicht mehr schaufeln
den schnee vorm haus
es ist zu viel für mich
darum bitt ich dich
mir zu helfen
„schippen" den schnee

ich habe fische
die liegen auf dem tische
wer einen will
der „haut" ihn auf den grill

der laptop läuft
und es säuft
die katze ab
da hat sie ihr grab
fang an zu tippen
mit roten lippen
über den tod der katze
sitz auf der matratze
und weiss nicht mehr weiter
„na das wird ja heiter"

drum lass uns gehen
um nochmals zu sehen
des fischers Fritz
das ist kein witz
er will wandern
von einem land zum andern
fährt auch mit dem „velo"
sie sagen ihm hello
im fremden land
wo er nichts verstand

schneeflocken weise
ganz zart und leise
fallen vom himmel
auf das getümmel
dieser erde nieder
die welt wird weisser
und leiser
es ist wie ein wunder
es dämpft den lärm
die menschen werden
ein wenig weicher
und es ist schöner
mit ihnen zu sein

es ist schön
das macht der föhn
wir sitzen draussen
und machen pausen
an der sonne
oh welche wonne
da kommt ne mücke
will stechen mich
ach hab ich dich
und ich zerdrücke
die kleine mücke
mit meinem finger
das mache ich immer

ich könnt hassen
die vielen massen
von leuten
die mir nichts bedeuten
drum verlass ich diesen ort
und geh fort
irgendwohin
wo ich alleine bin

meine gedanken
die schwanken
wie ein boot im wasser
möcht darauf liegen
und mich vergnügen
für ein paar stunden
hab ich gefunden
einen skill

da gibts nen mann
der alles kann
kann rasen mähen
kann backen „wähen"
kann reiten
und sich auch streiten
kann ruhn
und nichts tun
es wäre schön zu können
was dieser mann
so alles kann

die motten
die sind hartgesotten
hau ich eine drauf
verliern sie nicht den schnauf
sondern husten
und pusten
ordnen ihre flügel
um zu fliegen
ans licht der decke
und ich strecke
mich ganz fest
um noch mal eins zu schlagen
und die motten sagen
„ätsch" wir sind schlauer
als jeder bauer
und als du

die zwei ringe sind von mir
den einen möcht ich schenken dir
möchte bei dir sein
möchte für dich schauen
möchte dich aufbauen
möchte dich pflegen
bei wind und bei regen
bei hagel und bei sturm
um dann wieder wie ein kleiner wurm
„bei dir zu ankern"

und die frage stellt sich
wer gesellt sich
zur frohen runde
in vorgerückter stunde
noch dazu?
es kommen zwei gestalten
was soll ich von ihnen halten?
die sehn so komisch aus
wie wenn sie kommen
aus weiter ferne
ich frag nicht gerne
doch will ichs wissen
sie fangen an zu küssen
und sagen aus dem all
von welchem planeten?
hab ich sie gebeten
mir zu sagen
vom planeten Venus
bringen sie nen gruss

könnt ich doch sterben
und ihr könntet erben
ein haus ganz gross
das wär doch famos
und ich hätt meinen frieden
dort drüben

ich könnte weinen
es ist als scheinen
der mond und die sterne
aus weiter ferne
in mein zimmer
leider nicht für immer
ich steh daneben
und wart auf Gottes segen

eine kleine maus
kriecht aus ihrem haus
ganz vorsichtig
denn sie ist ja so nichtig
und fragt mich nach dem weg
wo es entlang geht
in die stadt
denn die arme
ist nicht satt
ich sage ihr
komm mit mir
zusammen gehen wir
so ist es heiter
der weg geht weiter
die maus beklagt sich
und fragt mich
wie weit es noch geht
ich nimm sie auf vom boden
und steck sie in die tasche
so gehen wir weiter
munter froh und heiter
in eine käserei
dort gibts zu fressen allerlei
und die maus die frisst sich
durch den käse durch
nachher ist ihr „schlecht"
doch das geschieht ihr recht

hab fast kein geld mehr
das ist schlimm sehr
nur noch einen kleinen schein
der gehört mir ganz allein
werd daraus kaufen
etwas zum saufen
so kann ich runterspülen
um nicht mehr zu fühlen
den schmerz
im herz

möcht bei dir sein
ganz allein
und mit dir gehen
am waldrand stehen
und hörn den bäumen
beim rauschen zu
da kommt bald
eine fee
juhe
aus dem wald

meine gedanken
die wanken
hin und her
her mit dem plunder
wo ist der zunder?
um dann zu machen
alle werden erwachen
ein feuer gross
das ist famos
wir tanzen ums feuer
bis mir ist nicht mehr geheuer
das feuer wird kleiner
und dann kommt einer
der es löscht

die sonne steht auf
und geht wieder schlafen
und der mond
mit wolkenschafen
lacht von oben
drauf auf mich
möchte ihm winken
und ihm danken
dass er das dunkel
so helle macht

die kinder schaukeln
und gaukeln
mir wieder was vor
ich blöder tor
bin nicht mehr so klein
und fall auf so was rein
die kinder lachen
das sind sachen
die ihnen gefallen
wenn ich nicht tu „schnallen"
was sie meinen
die kleinen

geburtstag hab ich
doch das mag ich
gar nicht gern
wünsche so viele
mit glück und segen
doch meine gefühle
sind im keller
hock lieber alleine
im trauten heime
dann kann ich machen
so viele sachen
und kann lachen
für mich alleine

deine augen die treuen
die scheuen
vor nichts zurück
du wirfst mir zu einen blick
und ich bin verzückt
nein gar verrückt
weil deine augen die treuen
sich vor nichts scheuen

ein herr der wollte
was er gar nicht sollte
und darum ging er
die strasse her
er schaute hier lang
und dort lang
mir wurde ganz bang
ob diesem herrn

es hat auch schrott darunter
doch ich bin munter
und schreibe weiter
frisch froh und heiter
meine gedichte
ins leere buch

ein reh ging spazieren
auf allen vieren
da kam eine möwe
und auch ein löwe
der sprach zu dem reh
o weh
ich könnte dich fressen
brauch was zum essen
mein magen ist leer
drum kommst du mir sehr
gelegen
eben

die mücken fliegen
im schein der lampe
doch sie stören
ich mag nicht hören
ihr gebrumm
drum lösch ich das licht
die mücke bricht
ab ihren flug
und hockt sich nieder
hin zu mir
fängt an zu pieksen
mich ins gesicht
ich schlag um mich
und treff die lampe
die fällt zu boden
und bricht entzwei
jetzt hab ich kein licht mehr
das ich brauch so sehr
um zu schreiben
meine gedichte
und meine geschichte

eine schnecke
geht um die ecke
mit ihrem sohn
den kenne ich schon
sie will kaufen
einen haufen
in der stadt
wenn es noch hat
bücher zum lernen
wo drin sind die fernen
strände der welt
denn sie will zeigen
ihrem sohn
wo sie war schon

was für ne kacke
ich habe ne macke
möchte mir kaufen
für einen haufen
geld
einen roller
für tausend dollar
und damit fahren
in vielen jahren
rund um die welt

nimm dann den pinsel
und male die insel
des nachts den mond
der dort oben thront
und schaut hernieder
was macht die wieder
mitten in der nacht?
anstatt zu schlafen
wie alle braven
bürger auch?

dich lieben zu können
mag keiner mir gönnen
doch das ist egal
du gehörst mir nun mal
wir gehen gemeinsam
und sind nicht einsam
zusammen den weg

fängst an zu motzen
es ist zum kotzen
langsam mit dir
doch ich lieb dich
„darum schluck ich
eben alles
in mich hinein"

nach dem rennen
geh ich pennen
schlaf wie ein murmeltier
und das verdank ich dir
wenn ich dann erwache
das ist so ne sache
möcht ich weiter ruhn
und gar nichts mehr tun

ein herr mit melone
der ging nie ohne
aus dem haus
da kam eine maus
die wollte fragen
und dem herrn sagen
ob er könnte geben
ihr eben
die melone
für ein zu hause
für ihre mäuse
der grossen schar
doch der herr rannte
was er konnte
weit weg von dem haus
und der maus

die motten tanzen
mit den wanzen
einen tango
auf meinem bett
das ist nicht nett
was soll ich machen
bei solchen sachen?
s orchester spielt weiter
traurig und heiter
mir kommen die tränen
ich könnte mich schämen

die katze schnurrt
mein magen knurrt
brauch was zum essen
ich könnte grad fressen
ich geh mir was holen
s ist nicht gestohlen
in der küche
ein paar früchte
und esse sie
mit stumpf und stiel
neben der katze
die weiter schnurrt

auf nem boot liegen
und lassen sich wiegen
von den wellen
den schnellen
geniessen die sonne
welch eine wonne
kaum was zu hören
lass mich betören
von den rosen im see
drum sag ich ade

heute
auf dem berge rasten
und es hasten
vorbei viele leute
doch ich bleibe liegen
und greif nach den fliegen
die mich plagen
seit vielen tagen
und ich verweile
hab keine eile
bis die sonne
untergeht

der mond scheint über die berge
es kommen die sieben zwerge
und aus den tännchen
die wichtelmännchen
und aus dem klee
die gute fee
sie wollen tanzen
mit den wanzen
die vögel spielen
mit gefühlen
melodien
so lieblich und schön

es genieren
sich viele leute
zu gehn spazieren
den ganzen tag
sie wolln lieber hasten
anstatt rasten
und sind in eile
ne ganze weile
bis ihr herz sagt
so gehts nicht mehr
dann sind sie sehr
enttäuscht

grösser wird die sehnsucht mein
ach könntest du doch bei mir sein
wir könnten gehen
an den seen
entlang

unter einer weide
nehm ich eine kreide
und schreib die namen
von uns an den stamm
also bis dann

ich möchte gerne reiten
und ab und zu mal streiten
doch das ist mir zu teuer
drum mach ich mir ein feuer
und hocke mich hin
und bleibe lang so sitzen
da kommen zwerge mit mützen
und fragen mich
ganz freundlich
ach dürfen wir
uns wärmen am feuer?
das ist mir nicht mehr ganz geheuer
und gehe von dannen
unter die tannen

es kommen die zwerge
über die berge
sie wollen holen
frische kohlen
aus dem berg raus
oh welch ein graus
damit sie können kochen
für die nächsten wochen
mit den kohlen
die sie holen

auf der laterne
da sitzt er gerne
der kleine wicht
und er spricht
mit grossen worten
es gibt torten
dort in der bäckerei
doch das ist mir einerlei
denn ich bin am fasten
es tut mich belasten
mein gewicht

ich schreibe
ich suche ne bleibe
für uns beide
für nächstes jahr
ja das ist wahr
hab jetzt doch
nur n loch
das ist zu klein für mich
da hats keinen platz für dich
und wenn du möchtest
mich besuchen
ists viel zu eng

ich sehe den see
und sage ade
dem rest der welt
der mich nur hält
immer auf trab
leb in den tag
von einem zum andern
ich gehe wandern
über die berge
da treff ich die zwerge
die sagen hallo
ich kanns nicht fassen
hab ich noch alle tassen
im schrank?

s ist wieder tag
doch ich mag
nicht mehr
hab gesehn gestern
einen western
mit viel geknalle und fighten
und pferden die reiten
und männer die saufen
sich über den haufen

ich pflücke nelken
und leg die welken
einfach zur seite
da kommt ne „maite"
und möchte haben
die nelken
die welken
ich frag wozu auch?
sie sagt das ist ein brauch
bei uns zu hause
im fernen land
wir zupfen die welken
blätter der nelken
um zu schauen
wies wetter wird

auf der mauer
sitzt ne katze
auf der lauer
die katze
hat gesehen
eine maus
in ihrem haus
drum wartet die katze
mit erhobener tatze
bis die maus kommt
aus ihrem haus

die kugeln rollen
doch was sollen
all die regeln
mit den kegeln
und den karten?
wir müssen warten
bis wir können spielen
um uns gut zu fühlen

ich könnte gehen
doch ich muss stehen
an einer ecke
mit einer schnecke
doch diese geht saufen
ich könnte raufen
mir alle haare
denn das ist das wahre
zum machen für heut
drum also leut
geh ich auch saufen
doch ich muss verkaufen
zuerst meine tasche
damit ich hab geld

möchte vergessen
bin ganz versessen
von dem gedanken
an einen franken
den ich gefunden
vor ein paar stunden
auf der strasse
in einer gasse
gehört er dir?
dann sag es mir
sonst geh ich mir kaufen
einen haufen
kleiner sachen
mit denen ich kann machen
was ich will

ich kann es nicht verstehen
es ist zum die wände raufgehen
doch dein verhalten
bleibt beim alten

da gibt es eine raupe
die spielt so gerne laute
und eine mott
die spielt fagott
und sie wollen gründen
eine kapelle
sobald es wird helle
doch da kommt ein vogel
und frisst die raupe
mit haut und haaren auf
jetzt ist die motte
ganz und gar alleine
und hat keine
spielgefährtin mehr

es streunen die hunde
ganz ohne grunde
im wald umher
doch das stört sehr
auch andere tiere
die wollen um viere
bei uns sein
nicht für ein glas wein
für wasser und heu
das ist nicht neu

in einer ecke
da hockt ne schnecke
hat gefunden
ein paar stunden
zeit für sich
denn sonst muss sie immer
schaun für ihre kinder
die machen radau
in dem kleinen bau
wo sie zu hause sind

aus meiner sicht
bist du ein wicht
ein ganz kleiner
aber ein feiner
denn du hilfst mir
ich sag es dir
zu klären meine sorgen
dass ich getrost
kann schaun ins morgen

ich hab ne macke
hau mir immer auf die backe
da kommt ein herr in weiss
und sagt mir seinen preis
dann sagt er ich darf gehen
doch sie bleibt bestehen
die macke
mit der backe

ich steh auf meinem kasten
und es hasten
viele leute vorbei
doch das ist mir einerlei
bin wie auf einer insel
und mal mit meinem pinsel
die welt wie ich sie gern hätt

der herr in weiss
mit dem scheiss
da in der hand
schlägt fest an die wand
da kommt wer mit nem band
und wir spielen im sand
wie die kinder
auch ein blinder
spielt noch mit

jetzt hab ich genug franken
um gehn zu tanken
meinen wagen voll
ja das ist toll
und ich geh mit dem wagen
im wald die hirsche jagen
der förster kommt
und ich kriege prompt
eine busse
jetzt fehlen mir wieder die franken
um zu tanken
meinen wagen voll

ich bin zu hause
steh unter der brause
und sing aus voller brust
mit viel lust
ein lied für alle leute
von gestern und heute
und jeder singt mit
und das lied wird ein hit

das spiel mit dem wind
das kennt jedes kind
wir holen den drachen
müssen noch was dran machen
und lassen ihn steigen
er tanzt einen reigen
mit dem wind
dem himmlischen kind

ein huhn geht zum Meier
und verkauft ihm seine eier
der Meier ist froh
das huhn ebenso
jetzt gibts beim Meier
spiegeleier

das schicksal mischt die karten
und wir spielen im garten
und warten
was da kommt
ich wüsst schon was ich will
drum bleibe ich ganz still

unter den wochen
muss ich kochen
für meinen sohn
da kommt er schon
doch er muss noch warten
drum sitzt er in den garten
und schaut den vögeln zu
die fliegen im nu
von einem ort zum andern
der sohn kriegt lust zum wandern
und vergessen
ist die lust aufs essen

ich bin dafür
das glaube mir
für ein besseres leben
eben

ich hab erbarmen
mit den armen
kindern dieser welt

ich habe mühe
dort drüben sind kühe
die fressen ihr gras
und werden dabei nass
denn es regnet
ich bin gesegnet
genug mit sorgen
also bis morgen

die kinder spielen
und sie fühlen
dass dicke luft ist
so ein mist
so gehn sie weiter
froh und heiter
ihren weg

niemand kriegt aus mir heraus
was passiert in diesem haus?
da passieren krumme sachen
doch lasst mich einfach machen
wir zählen millionen
von scharfen „bohnen"
um zu schiessen
und da spriessen
die rosen vorm haus

an diesem platz
gibts nichts zu tanzen
sonst kriegt ihr auf den ranzen
ich sag es dir
direkt von mir
ich möchte drum schlafen
unter den wolkenschafen
eine runde
stunde

da vorn steht eine gans
sie gehörte einem Hans
er will sie nicht mehr haben
ich nehme sie ohne zu zagen
fürs weihnachtsfest
dann gibt es gänsebraten
ich kann es euch verraten
der wird ganz fein
ich lad euch alle ein

herr Meier
will eier
von einem huhn
was soll ich tun?
so muss ich gehen auf den markt
dort krieg ich fast nen herzinfarkt
so viele hühner auf einem haufen
die sich ständig picken und raufen
doch ich kauf ein huhn
was mach ich nun?
jetzt muss ich warten
in meinem garten
bis es eier legt
dann kriegt herr Meier
seine eier
ganz frisch vom huhn

der himmel ist grau
das meer ist blau
und ich bin schlau
denn ich nehme das boot
bei leichtem abendrot
und lasse mich treiben
vorüber an weiden
mit vielen schafen
die gehen jetzt schlafen
und ich treibe weiter
und werde langsam heiter
auf dem wasser dahin
ich geh vom boot runter
der mond geht unter
über den bergen
jetzt kommen die sorgen
was wird morgen
sein?

was soll ich auch machen?
was sind das für sachen
die mich belasten?
drum hau ich in die tasten
von meinem klavier
es ist jetzt halb vier
ich spiele zwei stunden
dann sauf ich ein paar runden
bier
mit dir

unter dem baume
mit guter laune
sitzen die feen
und lassen geschehen
viele dinge
die wunderlich sind
denn ich singe
und ein kind
schon gross
findet es famos

die meise pfeift ganz leise
kann ich haben eine speise?
denn es ist gefroren
und ich habe verloren
meinen wurm
da kommt das eichhörnchen
und sagt kannst haben
ein körnchen
von meinem vorrat
den ich gesammelt hab
im ganzen sommer
anstatt zu liegen
auf der faulen haut

ich muss nichts sagen
auf solche fragen
drum lasse ichs bleiben
und lasse mich treiben
in meinen gedanken
dort gibts keine schranken
dort kann ich schauen
auf grüne auen
auf blaue meere
und grosse heere
auf vögel viele
und eine mühle
dabei sitz ich
s ist kaum zu glauben
unter den bögen
bei den tauben

ja es haut mich aus den socken
du bist ja schon ein grosser „mocken"
erst warst du noch ein küken
und ich musste mich „bücken"
um dir zu geben einen kuss
doch damit ist jetzt schluss
du bist gross
und das ist famos

der himmel weint
und alles meint
er hört nie mehr auf
doch tags darauf
scheint wieder die sonne
welch eine wonne
grad mir ins herz
ich denk s wär ein scherz
doch ich pack sie ein
für heute ist sie mein

der fernseher läuft
der wagen säuft
viele liter
benzin
s gibt ein gezeter
wo solls gehen hin
wenn er säuft
soviel benzin?

ich warte
auf eine karte
von dir vom meer
denn dort gefällt es mir so sehr
ich schwelge in erinnerungen
die sind noch nicht ganz abgeklungen
vom letzten urlaub am weissen strand
vom spaziergang im heissen sand
und auf pfosten die möwen hocken
und sich streiten um jeden „brocken"
und am himmel die schäfchenwolken
ziehn von dannen

ich bin am warten
im rosengarten
wir wollen gehen
um zu sehen
wie blühn die rosen
schön
und mein hosenbein
hängt in die rosen rein
und die dornen
halten es fest
die dornen stechen
und wir brechen
sie alle ab

eine ameise
kommt ganz leise
aus ihrem bau heraus
da trifft sie eine maus
die kommt grad von zu haus
zusammen wolln sie gehen
um zu sehen
wo der kater ist
der so viel frisst
doch der kater
ist bei seinem vater
auf besuch

das mit dem Oberarzt Gänger
das geht länger
als ich dachte
und so machte
ich vorher einen brei
für mich „älai"
um zu stärken mich
damit ich
bleibe munter
auch wenns drunter
und drüber gehen sollte
das ist nicht was ich wollte

ich möchte schreiben
ein gedicht
an einen wicht
der unter einer wurzel
wohnt
ich frage Purzel
ob er mir will helfen
mit ein paar worten
an den rechten orten
für das gedicht
an den wicht

der eine herr
der andere der
will noch erhaschen
einen groschen
um sich zu kaufen ein „billett"
um dann zu fahren ganz kokett
auf des „zuges" trittbrett
da kommt der „kondukteur"
und fragt was ist mein herr?
steigen sie ein
ordnung muss sein
sein herz ist schwer
er leidet sehr
jetzt zu sitzen
drinnen im „zug"

die meise ist noch klein
drum braucht sie futter
von ihrer mutter
die bringt ihr einen wurm
die meise frisst
und vergisst
zu halten den wurm
der wurm fällt wieder
zur erde nieder
und verkriecht sich
in ein loch
die meise hat noch hunger
das macht der mutter kummer
sie geht weiter jagen
und ist fast am verzagen
da schnappt sie eine mücke
und bringt sie der meise
ins nest
das gibt dann ein fest

die leute fragen
und ich muss sagen
ich kenn die geschichte
von Murmel dem wichte
doch wie sie geht weiter
da bin ich auch nicht gescheiter
das kann ich nicht sagen
da muss ich auch fragen

mein kopf ist leer
ich mag nicht mehr
schreiben heute
drum liebe leute
lassen wir bleiben
das schreiben

ich bleibe an ort und stelle
um auf die schnelle
kohle zu machen
ach sind das sachen
wenn ich will wohnen in meinem haus
brauche ich kohle und keine maus
als untermieter
die bringt kein geld mir
das sage ich dir

ein karnickel
schwingt den pickel
um zu machen einen bau
denn seine frau
kriegt ganz genau
sieben karnickel
und zwar sofort
die süssen kleinen
sind am weinen
weil sie kriegen
noch keine milch

die flotte motte
die hats mir angetan
drum schreib ich ihr einen roman
sie ist der held
ganz ohne geld
muss sie sich schlagen
durch die welt
und das gefällt
mir immer mehr
drum schreib ich weiter
ganz froh und heiter
bis die motte
die flotte
hat ein duell
da schreib ich schnell
das ende
weil jetzt kommt die wende
von meinem roman
denn die motte
fliegt einfach davon
das war es schon

die mäuse seh ich
und dann geh ich
zum abschied wink ich
und ich denk mir
ruhe kehrt jetzt ein
aber denkste
die mäuse pfeifen
und es kommen
die nachbarn all
und sie feiern einen ball
bis ich komm nach hause
dann ists wieder
mäuschenstill

die welt ist nicht mehr was sie war
das weiss ein jedes kind
viel härter ist sie das ist klar
es weht ein schärfrer wind
drum will ich versuchen
für mich zu buchen
eine reise
auf den mond
denn dort oben
bin ich alleine
kann schreiben reime
so viele ich will

ich möchte schreiben
einen reigen
für die kinder dieser welt
das kostet mich kein geld
doch mir kommen
nur verschwommen
die rechten worte
in den sinn
doch dafür orte
wo wir könnten spielen
unseren reigen
den eignen

der himmel weint
die möwe meint
sie brauche einen hut
doch das braucht
ihren ganzen mut
und wie durchlaucht
zieht sie ihn an
und fliegt dann
ganz stolz weg
zum steg

sie hocken
warum nur in den socken?
im rosengarten
und warten
bis die sonne wieder scheint
doch der regen tropft
von ihrem kopf
und sie sind frustriert
weil nichts passiert
in sachen sonne
das wäre ne wonne

der herr vom Rhein
der ging allein
dem fluss entlang
und dabei sang
er schöne lieder
immer wieder
vom Rhein
so muss es sein
für den herrn
denn er singt so gern

unter dem himmelszelt
da liegt die ganze welt
möcht sie umarmen
in der warmen
jahreszeit
doch jetzt tu ich frieren
und kaum spüren
meine finger
die kalten
müsste sie halten
an einen ofen warm
doch ich bin zu arm

die hummeln
sie brummeln
vor sich hin
das ist ihr sinn
an manchen tagen
nektar tragen
gehört auch dazu
sonst lässt man sie in ruh

ich schliesse mich ein im Hauseingang
denn davor hats einen mann
mit absichten bösen?
das kann ich nicht wissen
und ich fang an zu dösen
bis der mann ist fort
und ich kann gehen an einen anderen ort

mit dem auto über land
das fand
ich super toll
ganz ohne groll
gefahren sind wir
und glaube mir
viele stunden lang
mir wurde angst und bang
weil du so schnell gefahren bist
und dabei ist
nur 60 erlaubt

der mond der scheint
vom himmel
und jeder meint
dass er scheint
nur für ihn allein
doch das ist gemein
denn er scheint für alle
auch für die welche leben im stalle

ein kleines kind
das ist fast blind
es kann nicht schauen
wie andre bauen
aus „klötzchen" einen turm
da kommt ein wurm
der fragt ganz banal
kann ich auch mal
aus „klötzchen" bauen
er muss gut schauen
einen turm?
der wurm

da kommt mir eben
eine frau entgegen
ich grüsse sie freundlich
und es ist unvermeidlich
ich gebe ihr die hand
doch sie verstand
ich will sie küssen
doch das wär ein müssen
für mich

eine maus hat eine chemo hinter sich
jetzt will sie eine perücke ganz fürchterlich
sie sagt zu den anderen mäusen
jetzt müsst ihr halt weiter leben mit läusen
ich bin jetzt nackt
und das kackt
die andern mäuse an
und rennen zum schwan
der soll ihnen helfen
bei den elfen
für eine lösung fair
und das wär
das ende der geschichte
welche ich dichte

ich geh zu einer „sause"
in des nachbars hause
doch erst muss ich unter die brause
da kommt ne maus
und hockt sich auf die braus
ich möchte duschen
doch sie will huschen
mir über den rücken
das ist kein entzücken
ich kreische laut
da kommt wer und haut
der kleinen maus eins über
ihren kopf drüber
die maus ist k.o.
und ich ebenso

die zeiten heiter
auch sie gehen weiter
drum lass ich sie mir gönnen
es können
andre zeiten kommen
wo ich verschwommen
alles seh
oh weh
und alles ist so düster
darum müsst wer
kommen und mich halten
wie in alten
zeiten schon

bis das schiff fährt weg
vom steg
hält es an
doch wie lang?
ich möchts halt gern wissen
damit ich dich kann küssen
noch lange beim steg

sie gründen einen chor
der dringt mir ins ohr
möchte auch mit singen
und dabei bringen
eine neue stimme dazu
und ich werde im nu
herzlich aufgenommen
in den frommen
chor

ich möchte gerne
in weiter ferne
sein
wie wäre das fein
und dort machen
ein paar sachen
schreiben und tonen
und dazu wohnen
direkt am strand
mit weissem sand
und spielen
auf meinem klavier
bis morgens um vier

ein herr aus Dortmund
hat einen hund
der tut bellen
wenn wir wollen
schlafen des nachts
und darum machts
eines nachts
einfach bum
der hund fällt um
jetzt tut niemand mehr bellen
wenn wir wollen
schlafen des nachts

und die sonne lacht
ganz sacht
vom himmel herab
grad auf mein grab
und die erben lachen
und sie machen
ein grosses fest
mir zu ehren
kann mich ja nicht mehr wehren
in meinem grab

am abend wenn ich schlafen geh
und die vielen lichter seh
möcht ich nochmals aufstehn
und dann wieder rausgehn
und suchen das eichhörnchen
hinter dem busch mit den dörnchen
um ihm
zu geben nüsschen
und ich krieg von ihm ein küsschen

der hund der stinkt
der Meier trinkt
er schenkt sich noch ein glas ein
von dem guten roten wein
doch er sollte aufhörn zu trinken
sonst fängt er an zu stinken
wie sein hund
das wäre doch ein grund

ich bin traurig
das ist so schaurig
es ist nicht mehr schön
nun bläst noch der föhn
und bläst alle trauer
mit einem schauer-
regen davon

reisen in die unterwelt
und das fast ohne geld
du fragst dich wie das geht?
sieh mal was da steht
wir tauchen unter
und bleiben munter
für die nächsten jahre
rauf dir die haare
wenn dus nicht glaubst

ich könnte lachen
denn so viele sachen
krieg ich heute
es kommen viele leute
und wir trinken „cüpli"
nachher gibts ein „süppli"
für alle die noch da sind
und haben keinen dummen „grind"
ich pack die sachen aus
was kommt da alles heraus?
papier zum schreiben
was ist gewesen
noten zum lesen
sogar ein klavier
das schenkst du mir
ich hau in die tasten
und die leute fasten
nur wegen mir

wir gehen tanken
und die rosen schwanken
still vor sich hin
das gibt zwar keinen sinn
doch es reimt sich
und drum schreib ich
solche sachen ohne sinn

ich mags geniessen
wenn die bäume spriessen
und ich hol ein bisschen
sonnenschein
für in mein herz hinein

es tanzen die feen
ich mag ihnen zusehen
unter den bäumen
in milder luft
es kommen noch elfen
um ihnen zu helfen
beim tanz unter den bäumen
nur für mich

ohne einen groschen
in den taschen
ist es schwer
so sehr
du musst halten
und verwalten
dein geld
auf dieser welt
dein rat sei mir dank
ich geh zu ner bank
und will mir holen
ein bisschen kohlen
doch der herr sagt nein
das kann doch nicht sein
und er sagt pronto
ohne ein konto
kann ich gehen
und ich muss sehen
wo ich kann bleiben
so ohne geld
das brauchts doch auf der welt

wir singen im chor
mit einem floh im ohr
einen kanon
für Manon
denn geburtstag hat sie heut
darum denkt dran liebe leut
helft uns singen
dass froh erklingen
die lieder heut

ich kann fliegen
über die brücke
da hats ne lücke
am zaun im tor
da kriech ich dann hervor
um nachzudenken
was ich dir soll schenken
in diesem jahr
denn eins ist klar
es muss was sein
nur für dich allein

ich kann schon reiten
seit lebenszeiten
auf einem „ross"
das ist famos
und wir reiten
ja wir gleiten
über die steppe
bis zu ner treppe
dort steht der besitzer
es ist kein witz
er
will das pferd
um es zu verkaufen
für einen haufen
geld

ich könnte lachen
und sachen machen
von denen du
nur träumen kannst
ich würde steigen
auf den kasten
um dort zu rasten
eine nacht
ich könnt die sonne halten
mit meinen händen
und sie senden
wohin ich will
ich würd zum mond spazieren
und ihn führen
zu unsrem haus
dass er dort mag scheinen
für die meinen
die ganze nacht

zu vorgerückter stunde
in froher runde
sind wir am trinken
und es winken
zum fenster rein
Peter und Paul
die möchten auch wein
ich bin nicht zu faul
aufzustehen
und zu gehen
zur türe hin
um sie aufzumachen
und die beiden lachen
sie gehen nicht mehr heim
denn jetzt gibts ja wein

ich will reiten auf dem besen
so das wärs gewesen

am abend wenn der mond scheint
und zu haus der sohn weint
will ihn trösten
mit dem grössten
fussball der welt
doch ich hab kein geld
um ihn zu kaufen
der sohn tut weglaufen
an einen ort
wo er kann saufen
dann bleibt er dort

geschneit hat es heute
drum liebe leute
helft mir zu schaufeln
den ganzen schnee weg
denn das geht lange
und mir wird bange
denn er liegt überall
und ich muss allemal
alles freihalten
für die leute die alten

ein grosses pferd
hockt auf dem herd
dort ist es schön warm
doch ich sollte kochen
für die nächsten zwei wochen
aber das pferd
bleibt auf dem herd
was soll ich nur machen
bei solchen sachen?
ich hol den besitzer
doch da sitzt er
auch auf den herd
wie sein pferd

ich spiele ein lied
das geht mir ins gemüt
ich könnte weinen
zu meinen
melodien
die ich so gut kann fühlen
und ich denk an dich
der du liebst mich

ach ich bin einsam
können wir nicht gemeinsam
etwas machen
ganz tolle sachen?
wir könnten fliegen
und wieder biegen
alles zurecht
was war schlecht

meine gedanken
sie schwanken und wanken
hin und her
was belastet mich so sehr?
sinds die tage der feier
die mich heuer
nicht lassen los?
das ist nicht famos

nach einer „sause"
steh ich unter der brause
mit schaum im ohr
was hast du vor?
du willst essen
das hab ich vergessen
ein huhn vom grill
das ist auch was ich will

am abend scheint die sonne
welche wonne
in mein heim
das ist fein
ich sitze in der badewanne
und auf des herdes pfanne
kocht eine suppe
für mich und meine „puppe"

wir können warten
in nachbars garten
auf den schnee
oje oje
wenn er dann kommt
müssen wir promt
ihn schaufeln weg

blättchen frisst die ziege
da kommt eine fliege
ne dicke und ne freche
will nicht bezahlen die zeche
die es gab vom saufen
drum tun sich die zwei raufen

ich bin überrascht
es setzt sich ein gast
zu mir an den tisch
und bestellt sich fisch
und wir reden
vom leben eben
wies denn so geht
wo er grad steht
er sagt es ist schwer allein
zu sitzen daheim
drum komme er
öfters mal her

leiser wird die welt
wenn der schnee herunterfällt
in unseren garten
und ich tu warten
bis ich muss schaufeln weg
den schnee vom steg

der himmlische wind
hat mir gebracht ein kind
ein ganz kleines süsses
ich begrüss es
es ist meins

der herr mit melone
der kommt ganz ohne
geld nach hause
weil er hat gemacht ne sause
in nachbars garten
jetzt muss er warten
auf seine frau

ein kamel kommt in die stadt
dort wo es hat
eine menschenmenge
deshalb kommt es in die klemme
und flieht ganz schnell
solang es noch ist hell
aus der stadt

der hauch des todes
bedroht es
drum wird es traurig
ganz schaurig
es wollt es könnte fliehen
und beziehen
ein kleines zimmer
für immer

am abend ist es düster
doch das wüsst er
hat trotzdem vergessen
vielleicht auch nie besessen
eine taschenlampe

eine strassenlaterne
scheint aus der ferne
in mein zimmer
so hab ich immer
etwas licht

„ach die bohne"
was will der herr mit der melone?
will er etwas bringen
und dazu singen
das lied des tages?
denn ich mag es

da kommt der herr mit fliege
und hinter ihm ne ziege
die will fressen zarte blättchen
da hol ich mir ein mäppchen
tu herrn und ziege rein
jetzt ist alles wieder fein

s schneit immer weiter
oh das wird heiter
ich gehe spielen
um ihn zu fühlen
den kalten schnee
ojemine
ich frier an die finger
da kommen die kinder
wollen auch spielen
im schnee
juhe

je länger der tag
je weniger ich mag
möcht nur noch liegen
und betrügen
den herrn ums geld

der herr mit dem monokel
ist von mir ein onkel
es fällt ihm nie runter
dafür bekommt er
runzeln im gesicht
und gicht
die treibt ihn ins heim
dort ist er nie allein

beim abendrot
ess ich ein stück brot
und ich warte
auf nachbars torte
die er bringen sollte
denn ich wollte
sie essen ganz allein
im mondenschein

diese wut
ach tut die gut
in meinem bauch
wo sonst denn auch?
ich muss sie rauslassen
drum fliegen die tassen
um deinen kopf
jetzt kommt sogar ein topf
und ich versuche
wies steht im buche
zu schlichten den streit
den wir haben zu zweit

lasagne mein
ach die ist fein
da kommen die raben
wolln auch was haben
drum geh ich hinein
und ess sie allein

und wir greifen
nach den pouletstreifen
die sind im curry drin
das ergibt doch keinen sinn
muss es auch nicht
denn ich schreib ja ein gedicht

nonsens schreibe ich
die sind fast wie ein gedicht
ich muss nur schütteln
und rütteln
an meinem ärmel
und sie fallen aufs papier
so gefällt es mir

in der welt der meere
da hat es tiere
die werden erschossen
und dann genossen
an der tafel fein
muss das so sein?

es ist mein traum
einmal im schaum
zu baden
und mich zu laben
an getränken vielen
die da um mich stehen
die du gemacht hast nur für mich
ach ich liebe dich

ich möchte machen
tausend schöne sachen
ringe
und andere dinge
um sie zu verkaufen
an einen haufen
feriengästen
die hocken unter den ästen
des feigenbaumes

es grüssen
die süssen
entlein im garten
doch sie müssen warten
auf die würmer beim regen
die ich ihnen dann will geben

liege im schnee
oh das tut weh
bin umgefallen
trotz der krallen
an den schuhen
jetzt bin ich nass
doch es macht spass
geh jetzt heim duschen
um dann zu kuscheln
in meinem bette
unter der decke

er versucht sie zu vertreiben
doch die mäuse sie bleiben
in ihrem nest
und machen ein fest
um den besitzer zu ehren
der kann sich nicht wehren
zu viele mäuse sind in seinem haus
und die geschichte die ist aus

mein atem er stockt
denn der elefant der hockt
mit seiner maus
auf meinem haus
und jammert es ist aus
und ich fliege
mit der ziege
übers haus
bis die geschichte dann ist aus

die maus
und die laus
tanzen einen tango
und zu mir sagen sie „gang go"
holen einen käse zum essen
damit wir können fressen
wenn wir hungrig sind
da kommt dazu ein kind
das will wissen
was auf dem kissen
machen die maus
und die laus

der Meier im haus
der hat ne maus
er will sie begrüssen
doch sie will ihn küssen

ich bin betrübt
und das genügt
um zu versauen den tag
den ich gar nicht mag
da kommst du
ich frag mich wozu?
um mich aufzuheitern?
ich steh neben den leitern
und lache laut

männer und frauen
die können sich bauen
ein eigenes haus
sogar mit maus
und die mäuse tanzen
mit ihnen die wanzen
sie sagen famos
ein fest riesengross
und die männer und frauen
wissen von nichts

ein mann mit bart
der geht ganz hart
an seine grenze
und ich sehe viele schwänze
von kühen
die sich bemühen
zu finden etwas gras
doch es ist viel zu nass
drum geh ich nach hause
und steh unter die brause
und denke mir
was läuft denn hier?

es kommt dir gar nicht in den sinn
denn du bist im hause drin
an der wärme
und ich arme
wart draussen auf dich

ganz wild und munter
grüssen vom dach herunter
möwen und raben
und sie traben
mit den elchen
vor welchen
sie haben keine angst

ich friere sehr
da kommt ein elch daher
und fragt nach dem weg
der nach norden geht
er hat sich verlaufen
er könnte sich raufen
der haare viele
nimmt sich aber nicht die mühe
zottelt los alleine
und ich meine
er findet sein ziel

an trüben tagen
möcht ich dich fragen
was kannst du machen
bei solchen sachen
damit dir nicht fällt runter
die decke auf den kopf?
du sagst ich geh nicht unter
ich nehm mir einen topf
und koch mir eine keule
von einer eule

der nebel schleicht
und es reicht
mir langsam
und alsdann
die mücken johlen
denn der meister hat befohlen
zu gehen jagen
und nicht zu baden
im kalten see

ich sitze in der wanne
da haut mir einer die pfanne
über den kopf
„gopf"

in meinem keller finde ich
eine leiche fürchterlich
die befindet sich
schon lange dort
am selben ort
ich ruf die polizei
die kommt herbei
die schaut die leiche
dann lange an
und sagt dann
die müssen wir entsorgen
doch dazu kommen wir morgen

wenn das haus steht unter wasser
ja das hasst er
es können dann schwimmen
die enten drinnen
die mäuse ertrinken
und sie winken
ein letztes mal

eine welle
eine schnelle
kommt auf mich zu
ich renne im nu
im sand
am strand
vom wasser weg
bis zum sicheren steg

setz dich hin
s ergibt zwar keinen sinn
um zu warten
im rosengarten
in der nähe
wo man dich sähe
wenn jemand kommt

das schiff geht unter
mit mann und maus
die leute sind noch munter
da steht ein haus
mitten im see
viele können sich retten
mit ketten
vom schiff

die menschen die führen
um sich zu spüren
die tollsten sachen auf
da kommt man fast nicht drauf
sie stehen auf nen spitzgen turm
um sich dann zu verstecken
wie ein wurm
sie tun fast verrecken
da kommt ein sturm
und alle rennen in ihr haus
und die geschichte die ist aus

ich liege im klee
und warte auf die fee
da kommt eine kuh
und schaut mir zu

kann ich dir helfen?
frag ich schüchtern
denn ich bin nüchtern

mein hals steckt in der schlinge
da hole ich ne klinge
und schneide durch die schlinge
da kommt der sheriff
und laut er rief
was sind das nur für dinge
wir brauchen eine neue schlinge!

s ist zwar nicht mein zimmer
doch ich geh immer
da rein
du bringst mit ne flasche wein
um anzustossen
auf die famosen
finken
die auch gerne trinken
ein glas mit uns

auf dem rosenbaume
sitze ich im traume
und pflücke birnen
die sich erzürnen
weil ich sie esse
zur heiligen messe

unerklärlich
das ist gefährlich
so zu tanzen
wie die wanzen
am boden unten
wegen den hunden
die immer streunen
neben den zäunen
und auch im flur
doch lass sie nur
vielleicht fressen sie
ein paar wanzen
die
sind am tanzen

was soll ich nur machen
bei solch trüben sachen?
im regen stehe ich
und wart schon lang auf dich
doch du kommst nicht

ich bin am warten
im rosengarten
es regnet leise
da kommt ne meise
geflogen daher
und sagt bitte sehr
ich bin alleine
kannst du mir meine
zeit vertreiben?

der herr von der Seine
der hat migräne
er will eine pille
die hab ich in fülle
er sucht sich eine aus
dann geht er wieder nach haus

der koch macht eine suppe
für seine „puppe"
die er liebt so sehr
und es kommt daher
ein fremder mann
den sieht sie an
und geht mit ihm
irgendwohin
und es hockt alleine
der koch
„daheime"

die laus
geht aus dem haus
mit der maus
sie wolln zum kostümball
die gibts jetzt überall
in den „beizen"
und sie wollen heizen
allen ein

eine kleine maus
die hat ihr haus
eben verlassen
und ist jetzt draussen
in freier natur
sie fragt mich nur
siehst du eine katze?
die könnt mit ihrer tatze
auf mich schlagen
kannst du mich dann begraben
wenn ich bin tot?

einem kleinen kind
gefällt es geschwind
es kann lachen
und spässe machen
bis wir grossen
wie ein kind
auch heiter sind

die vögel suchen nach futter
ich geb ihnen butter
mit körnern drin
die müssen sie suchen
s hängt an den zweigen
in den buchen
jetzt können sie zeigen
wie schlau sie sind

ich seh eine staude
mit roten beeren dran
da kommt eine taube
und will die beeren fressen
doch ich möchte sie essen
ich verscheuche die taube
und knicke die staude
ab vom strauch

eine maus
die tanzt im haus
hat besuch
es ist ein fluch
von ihren verwandten
den verdammten
und alle wollen nur das eine
du weisst was ich meine?
den käse finden
auf den „winden"

ein kleines kalb
das liegt da halb
tot im gras
da kommt die kuh
sie macht muh
und schleckt das kalb
bis es wieder halb
lebendig ist

ich geh durch die gassen
bin ganz verlassen
von aller welt
und habe kein geld
möchte kaufen mir
ein „billett" für
eine reise
zu der meise
die wohnt in Holland
am strand

die meisen
und die ameisen
sind am „maisen"
miteinander
ich weiss nicht worum es „gait"
bei diesem streit

ich möchte sterben
dann könnt ihr erben
ein haus ganz gross
oh wie famos
dann seid ihr hausbesitzer
mit einem flitzer
in der garage
doch der bringt euch grad in rage
weil er nur will springen an
so dann
und wann

der nebel senkt sich nieder
und es ist wieder
trüb und grau
doch ich bin schlau
denn ich will um die ecken schleichen
doch es weichen
die schwaden nicht
drum nehm ich stock und hut
und wer das tut
geht hoch hinaus
gebt doch applaus
der lieben sonne
die hier scheint mit wonne
aufs nebelmeer herab

an trüben tagen
mag ich es kaum wagen
zu gehen aus dem haus
denn dann kommt die laus
mit aus dem haus
um mich zu zwicken
ich muss mich „bücken"
s ist kein entzücken
um zu kratzen
mich am bein

es regnet leise
auf der reise
in die stadt
doch wer hat
nimmt seinen schirm hervor
und geht durchs tor
in den schönen garten
dort muss ich warten
auf einen freund

ich leg mich
weil ich liebe dich
ganz dicht an deine brust
und du musst
mich halten ganz fest
dann kommt der rest
der geschichte
die ich nun dichte
du schiebst mich von dir fort
ganz ohne ein wort
stösst mich von deinem busen
an dem möcht ich doch „pfusen"

welch eine wonne
es heitert die sonne
den himmel etwas auf
und ich leg mich drauf
auf den stuhl zum liegen
da kommen die fliegen
und plagen mich
da hau ich dich
halb k.o.
und das geht so
ich hol mir die klatsche
und patsche
einfach drauflos

was ich da mache
ist meine sache
das geht dich nichts an
du dummer mann
ein geheimnis habe ich
und das hüte ich
ganz gewiss
denn ich hab nicht schiss
vor dir

wir warten daheim
ganz allein
bis dass die sonne scheint
und nicht mehr der himmel weint
dann gehn wir spazieren
und wir führen
ohne starallüren
ein gutes gespräch

in deine augen die blauen
schau ich in der lauen
sommernacht
wer hätte das gedacht
s ist eine pracht
deine augen sind wie die sterne
die aus der ferne
leuchten auf uns

wir gehen unter
und ich bin putzmunter
mit unserem kahn
das ist der wahn
tief unten im see
oje oje
die fische schwimmen
und ich bin noch drinnen
noch immer im kahn

die sterne lassen grüssen
wenn wir uns küssen
in einer lauen nacht
und der mond ist bedacht
wegzuschauen
damit wir die lauen
nächte können geniessen
und dann begiessen
unser glück
mit einem glas sekt
das schmeckt

der nebel legt sich nieder
es ist wieder
trüb und nass
das ist kein spass
wir machen ein feuer gross
das ist famos
da können wir wärmen
unsere müden knochen
und kochen
können wir grad auch
es gibt ein gericht mit lauch
und wir geniessen
im nebel draussen
unser essen

wir machen sachen
die uns spass machen
und tanzen einen reigen
und steigen dann hinab
ins grab
wo wir uns freuen
denn wir sind die neuen
gäste dort
an jenem finsteren ort

bei kerzenschein
und einem glas wein
singen wir lieder
von heute und früher
wir singen im chor
das tönt für das ohr
unheimlich schön

der herbst
nebel bringt er
ja s ist schon lange her
dass wir haben gesehen
die sonne stehen
am himmel oben
die dort droben
sollte scheinen
ich könnte weinen
weils nicht so ist

ich gehe gerne
in weite ferne
um zu helfen
bei den elfen
bei ihren festen
dort kann ich testen
vom essen die resten

ich liege flach
hab kein dach
über dem kopf
„gopf"
und es regnet mir auf die stirn
und aufs hirn
und ich erhebe die stimme
gibts denn niemand der noch will
einen menschen mehr am grill?

ich schlucke die pillen
gegen meinen willen
doch die sollen helfen
zu heben
die stimmung eben

die sterne lassen grüssen
und ich muss büssen
die letzte nacht
die ich durchwacht
in den lauben
unter den trauben
und davon auch getrunken
dann hab ich gestunken
nach alkohol

übers land zieht der winter
und dann bringt er
kälte und eis
doch ich weiss
in meinem haus
ist es schön warm
und ich bin nicht arm
kann mir holz kaufen
um zu heizen
den ofen ein

wir nippen an unseren drinks
und merken da stinkts
das ist peinlich
denn s ist nicht heimlich
jeder der kommt
rümpft die nase
wie ein kleiner hase
sie müssen beheben
das loch im deckel
eben

der schnee der nieder fällt
der dämpft die ganze welt
und es wird leise
in einer weise
ganz still und schön
jetzt kann ich sehn
die feen
die tanzen ihren reigen
und schweigen
auch

der schneemann steht alleine
im mondenscheine
niemand der sich kümmert
um ihn
doch das ist ihm ganz egal
solange es ist kalt
freut er sich halt
auch an den tagen
die er kann leben
doch dann wird es wärmer
und der schneemann ärmer
er will sich ducken
fängt an zu zucken
um den sonnenstrahlen
zu entgehn
doch unbarmherzig
s ist kein scherz sie
brennt sie herab
auf den armen schneemann
der sich nicht wehren kann
und er schmilzt langsam
dahin
die tränen fliessen
bis er nur noch ist oje
ein häufchen schnee

ich werde schreiben
ich könnte bleiben
noch lange hier
nur wegen dir
doch ich muss nach hause gehn
weil wir den hund nicht mehr sehn
denn er ist gestorben
kann nicht mehr warten bis morgen

die kinder auf der erde
die hoffen es werde
weihnachten bald
um können zu spielen
mit den vielen
neuen sachen
die so viel freude machen

ich nehm ein bad im see
das tut gar nicht weh
auf dem wasser liege ich
und vergessen habe ich
dass die mücken stechen
es ist ein verbrechen
so schlimm ist es
es plagen mich die mücken
ich liege auf dem rücken
und weiss nicht was machen
bei solchen sachen
doch dann hol ich mir ne klatsche
und patsche
auf die mücken drauf
bis sie tot sind wie ne maus
der rest zieht von dannen
zu einem andren opfer hin
das find ich gar nicht schlimm

vom himmel lassen
die sterne grüssen
sie schaun hernieder
auf unsre welt
doch was sie sehen
bringt sie zum weinen
wolln nicht mehr scheinen
für unsre welt

auf der welt das war ich schon
einmal vor langer zeit
da war es viel schöner als heut
da gab es noch kutschen mit pferden
und wilde herden
donnerten über die steppe
und ich wette
heute nicht mehr

leise rieselt der schnee
vom himmel her
und ich bin munter
und gehe runter
möchte bauen
für die kinder
einen schneemann ganz gross
doch der schuss geht hinten los
sie werfen mir den schnee an
so dass ich ihn nicht bauen kann
so lass ichs bleiben
und lasse sie treiben
ihr spiel

das ist dumm
ich bring mich um
nichts mehr zu verlieren hab ich hier
das sag ich dir

eine biene
ganz und gar ne kühne
gründet ein orchester
mit ihrer schwester
sie suchen auch hummeln
denn die können brummeln
die tiefen töne
ach wie schöne

ich möchte mich aalen
in den sonnenstrahlen
bin ganz allein
im sonnenschein
und ich brauche schlaf
die sonne scheint brav
weiter vom himmel
ich schlafe wie ein engel
da kommen die mücken
tun mich nicht entzücken
wollen stechen mich
und ich wehre mich
so gut ichs eben kann

der herr in tüll
macht was er will
gehört zur andren seite
doch dazu meint er
s ist mir egal

der nikolaus
der alte „chlaus"
sucht spielzeug aus

du bist alt
da macht es halt
einmal bum
und du fällst um

der lehrer sagt
die klasse klagt
müssen wir machen
all diese sachen?
denn heute da „schnaits"
und dann „gaits"
mit den skiern in die berge
da rufen uns die zwerge
die zeigen uns ihr haus
das sieht ganz klein aus
und zeigen uns den schönsten hang
wo wir dann
hinunter sausen
und lassen es brausen
bis ins tal

die hasen sie hoppeln
über die stoppeln
der felder her
ich hole meine flinte
und die rote tinte
und knall auf die hasen
die fangen an zu rasen
ich knall einen mit schrot
ganz tot
jetzt gibst vom grill
doch nur für den der will
hasenbraten
fürs lange warten
wir setzen uns hin
und essen das ding

ich klicke ihn an
und du druckst mir dann
aus den text
es ist wie verhext

ich male schöne bilder
die werden immer wilder
denn ich bin gereizt
weil es nicht heizt
bei mir zu haus
die maus zieht aus
es ist so kalt
drum hol ich mir halt
mit meinen bildern
die wärme her

ich bin alleine
doch ich meine
das ist gut
so tut
niemand mich stören
bei meinen memoiren
die ich schreibe
unter der laube
da kommt eine taube
ich mach fast die schraube
sie tut mich stören
und will nicht hören
dass sie muss fliegen
weg

kein futter für die kleinen
was werden die wohl meinen?
muss futter suchen anderswo
sonst sind sie nicht mehr froh
und fangen an zu fragen
papa bring uns auch mal ein huhn
wie die andern väter es auch tun
und der papa kommt ins schwitzen
hühner fangen ist kein entzücken
doch er würde auch gern mal
eines ganz allein verdrücken

einen schneemann will ich bauen
die kinder tun mir zuschauen
einen schneemann riesengross
ja das wird ganz famos
mit handschuhen und mützen
laufen wir durch pfützen
warten bis es noch mehr schneit
ja das ist gefreut

der himmel weint
die sonne scheint
der mond lacht vom himmel
und ich hab einen fimmel
möcht gern sehn
einen stern
von fern

im tiefschnee zu fahren
das ist mit den jahren
das schönste was es gibt
und was noch entzückt
drum geh ich gerne
in weite ferne
wo es noch hat
tiefschnee ganz flott

zwei missionare
die stehn bei einer bahre
von einem verletzten
seinen letzten wunsch
verrät er ihnen
ich hätte gerne zwei „bienen"
und einen punsch
die missionare staunen
und ein raunen
geht durch die menge
in der enge

es gehen drei eier
über einen weiher
sie gehen nicht den richtigen weg
sie gehen über einen steg
denn sie sind abgehauen
bei den pfauen
die suchen jetzt
ganz entsetzt
nach ihren eiern

zwei gläser leer
die stehn umher
wollen gefüllt sein
mit gutem wein
ich schenke ein
doch wer soll ihn trinken
den edlen wein?

die wüstenmaus
die trifft den „chlaus"
hast du ein geschenk für mich?
fragt sie dich
denn ich hätte gerne
eine laterne
damit es des nachts
nicht mehr so dunkel ist

schöne bilder
male ich
von den bergen
und den zwergen
von dem meer
das ich lieb sehr
und den möwen
die am himmel gleiten
und ab und zu sich streiten
um einen fisch

es ist besser
du hast das messer
um zu rasieren
die haut von tieren
nachher hängen wir
ich nach dir
die häute auf die leine
doch ich meine
wir müssen sie spannen
ich geh von dannen
und frage nach

ein alter säufer
kommt daher
und will nichts mehr
als einen schnaps
sonst krieg er einen kollaps
und ich schenk ihm ein
einen „lutz"
für einen „stutz"

du bist doch ein „chlaus"
drum sprich es aus
möchte dich fragen
ob du mir kannst sagen
wie alt ich denn nun bin
hab kein straffes kinn
mehr
und die brüste „lampen"
sehr
wie nelken
die welken
doch mein gemüt
das hörst du „hüt"
ist noch fröhlich
und das ganz ehrlich

der herr mit dem hut
der da was tut
da vorne im dreck
neben dem speck
der kommt vom schwein
und das ist gemein
das schwein ist geschlachtet
und der mann der schmachtet
in der sonne
mit wonne

von halb drei bis halb vier
trinke ich ein bier
ein kleines helles
und ganz schnelles
ich trink es leer in zwei zügen
dann geh ich nach Rügen
um zu fahren schiff
und das grad auf ein riff
und das schiff geht unter
doch ich bleib munter
unten an deck
in meinem versteck

fernsehen ohne reue
das tut die treue
gemeinde fast immer
es wird immer schlimmer
kein spiel wird mehr gemacht
und kaum noch gelacht
für unsere kinder
das sieht doch ein blinder
ist das gar nicht schön
drum wollen sie gehn
zu den elchen im garten
die darauf warten
bis der weihnachtsmann kommt

ein freier
kauft eier
für seine nutten
die „blutten"
damit es gibt
ein omelett
im bett

eine banane
für die „nane"
weil sie ohne zähne ist
und doch so gerne isst

am mittag schon
bei sonnenschein
lade ich euch alle ein
und wir essen
wie besessen
von den vielen dingen
die uns fast zwingen
zuzulangen

und es liebkosen
sich die matrosen
weils an bord gibt keine frauen
und sie tun sich hauen
wer kriegt wen?
das ist doch arm
und drum auch warm

da kommt ein habicht
und frisst den kleinen wicht
da sagt er vom bauch aus
ich will nach haus
der habicht spricht zu spät bist du
ich habe nur
meinen hunger gestillt

es schreit das kind
es pfeift der wind
um seine ohren
die sind schon halb erfroren
ich suche eine mütze
und steh grad in die pfütze
jetzt sind die füsse nass
das ist krass

auf der mauer
auf der lauer
zwei cowboys sitzen
sie stibitzen
von den schönen birnen
und sie „hirnen"
warum sind wir
auf der lauer?
ach wegen dem bauer
dem der baum gehört

ich muss aufs klo
doch das ist wo?
ich muss es suchen
und bin am fluchen
denns eilt so sehr
und ich finds nicht mehr

und wir machen
die anderen lachen
einen tee
für uns am see
und wir trinken mit wonne
den tee an der sonne
bis sie untergeht
und ein lüftchen weht
dann packen wir ein
und gehen heim

der pfau
hat seinen bau
ganz neu bezogen
er hat erwogen
einzuladen
hamster und maden
und er ist stolz
denns hat viel holz
in seinem bau

eine geschichte brauch ich noch
einfallen sollte sie mir doch
wie alle andern auch
doch jemand steht mir auf dem schlauch
es kommen nur gedanken
die wanken
kurz
und gehn vorbei
doch mir ist das nicht einerlei
möchte schreiben
doch kann ich nicht zeigen
was ich kann

meine kleine
die ich meine
hat ne leine um den hals
das ist alls

bin am kochen
frische knochen
für den hund
der dort drüben steht
und nicht mehr geht
denn er will haben
seinen knochen
der schon seit wochen
am kochen ist

dieses bier
das geb ich dir
das kannst du saufen
dann können wir raufen
bis du wieder
nüchtern bist

es leuchten die kugeln am baume
s ist wie im traume
so schön
doch die leute streiten
und sie bereiten
sich ein fest der wut
das tut nicht gut

die wüstenmäuse
diese „chläuse"
sind am trinken
bei den finken
und zagen
dann fangen sie an zu fragen
wir waren zu besessen
und haben schon alles gefressen
habt ihr noch etwas mais?
denn schnee und eis
bedecken die erde

frag mich nicht
was weihnachten ist
frage dann
den weihnachtsmann
nach hause kommt er
und dann bringt er
viele geschenke
aber ich denke
leider nicht für alle
kinder dieser welt

diese niedrigen preise
für eine reise
nach Pennsylvania
(ich war schon lange nicht mehr da)
und ich geh schauen
wo die frauen
sich treffen
und ich finde einen neffen
der zu mir sagt
es ist gewagt
allein zu gehen
in diese stadt

der kleine wicht der ist erbost
ich will ihn fragen
doch er will es mir nicht sagen
er geht von dannen
wieder zu den tannen
wo er wohnt

ich will lesen
und hab den besen
zwischen meinen beinen
die einen meinen
ich könne nicht fliegen
doch das tut trügen
ich fliege hoch hinaus
sogar bis übers haus

die knochen müssen kochen
bis sie sind „lind"
doch das geht nicht so geschwind
der hund ist am jaulen
ich will ihn kraulen
doch er springt zum topf hin
wo sind die knochen drin
und holt sich einen raus

ich schreibe karten
doch die müssen warten
die hunde bellen
es kommen die wellen
zu unserem haus
ich muss raus
und rennen um mein leben
das mir eben
nichts ist wert

das christkind kommt vom himmel
direkt in das getümmel
und es parkt
vorm supermarkt
es muss noch „posten"
einen resten wolle
für frau Holle

frag mich nicht
du kleiner wicht
du kommst von dort
von jenem ort
wo feen sich grüssen
und zwerge sich küssen
wo gnome sich verkriechen
und wichtel sie dann suchen
wo ist dieser ort?
möcht auch leben dort
sag es mir
dann komm ich mit dir

die kühe sind auf der weide
welch eine freude
die glocken läuten
und es streiten
sich die rinder
fast wie kinder

der wind weht die blätter vom baum
es ist kaum
jemand auf den strassen
den nassen
alle bleiben daheim
bei kerzenschein
und einem glas wein

bei einem glas wein
fühl ich mich daheim
und es sollen
die tollen
mädels kommen
die ganz benommen
sich ziehn aus
bei mir zu haus
denn das ist ein schmaus
fürs auge
denn ich tauge
sonst für nichts

das fest wird lang
und mir wird bang
hab ich wein genug?
der ist im grossen krug
für alle leute
die heute
sind am fest

die kinder die kleinen
die sind am weinen
denn sie wollen sehen
wichtel und feen
ich will sie rufen
und suchen
doch sie lassen uns nur grüssen
mit ihren nackten füssen

mitternacht
das herz das lacht
die särge öffnen sie
und dann klettern raus sie
im schein vom mond
der dort oben thront
und tanzen einen reigen
und dann steigen
sie wieder hinab
in ihr grab

es reden die wände
sie sprechen bände
aus uralter zeit
da gabs nicht wie heut
noch kutschen die fuhren
und indianer die spuren
suchten
im feld
es zählte nicht das geld
es wurde getauscht noch
und geraucht
doch
geschossen wurde auch

geh zu den alten linden
dort werde ich finden
die wichtel und gnome
die kommen alle ohne
scheu daher
und ich frag sie bitte sehr
könnt ihr mir sagen
was ist los mit unsrer welt?
und sie nicken
dabei blicken
sie ganz traurig
es ist schaurig

wir testen
nur die besten
hunde
zu später stunde
auf unsrem gelände
dabei stände
der mond so schön hell
grad gut für ein duell
zwischen dem herrn mit melone
und dem mit der zitrone

ich will mich wenden
doch da blenden
mich
der sonne strahlen
ich will mich aalen
in ihrem schein
das darf doch sein

elche
welche
feiern
mit eiern
im garten
müssen warten
auf den hahn
Silberzahn

eine ameise
geht leise
auf die tour
wohin nur?
in nachbars garten
wo sie tut warten
auf ihre kollegen
die auf krummen wegen
sind

das Sabinchen
ein flottes „bienchen"
wartet auf den nachbar
und der das ist wahr
kein geld mehr hat
das ist ein salat
kann der Sabine nichts mehr bieten
nicht mal verhüten
kann er mehr
und so wirds schwer
zu kriegen keine kinder mehr

was soll man auch machen
bei solchen sachen?
ich will die neuen
mieter betreuen
bis sie haben gefunden
ein dach überm kopf

was niemand versteht
aber zu herzen geht
ist wenn eine meise
tot im kreise
ihrer freunde liegt
und es biegt
sich sogar die föhre
wo die kleine göre
hat stets gespielt

das radio läuft
und es besäuft
sich
der alte mann
der nicht mehr kann
treppen steigen
darum muss er bleiben
unter den eiben

es leuchten die sterne vom himmel so sehr
einer will glänzen wie der andere noch mehr
unter diesem dach der sterne
spaziere ich halt gerne
und es kommt ein mann dazu
der mir anbietet das du
und wir reden zusammen
und wir hangen
unsren träumen nach
wieder unter meinem dach
fang ich an zu schreiben
von gedichten mit den eiben
von wichteln und gnomen
die mir benommen
von sich erzählen
und wir wählen
die schönsten verse aus
für mich zu haus

die kleine „göre"
hat ne möhre
gegessen
und dabei vergessen
dass man sie muss schälen
dass sich nicht tut quälen
der magen nachher

es biegen sich die äste
es bleiben noch die reste
von dem feste
in nachbars garten
und wir müssen warten
bis die kanonen
dort wo wir wohnen
mit den „bohnen"
startbereit sind

wir staunen
und ein raunen
geht durch die menge
hier in der enge
siehst du wichtel und gnome
und alle sind ohne
furcht

ein menschlein
klein und fein
braucht windelein
ich geh heim
und hole welche
für das menschelein
ganz klein und fein

es helfen
mir die elfen
und wir biegen
einen vers zurecht
einen der tönt nicht schlecht
und können dann fliegen
mit unseren ziegen
und den feen
in unseren geschichten
die wir dichten
oder sind sie wahr?

es raschelt im laube
es ist eine taube
sie sucht nach körnern
da kommt mit hörnern
ein wildes gnu
die taube fliegt im nu
von dannen
auf die tannen
wo sie sicher ist

die welt sie staunt
und staunt nicht schlecht
ja jetzt erst recht
denn vom mond da kommen
die frommen
englein daher
und fragen bitte sehr
kannst du noch mehr
„plätzchen bachen"
denn wir brauchen
für weihnachten mehr
doch das wird schwer

verspür ich freude
frag ich mich?
bin ich krank?
doch Gott sei dank
bin ich munter
das ist doch neu
und ich leg mich froh ins heu

ich spitze die ohren
um mehr zu hören
da hör ich die stimme
vom wichtel Purzel
der unter der wurzel
zu hause ist
ich hör die stimmen der feen
die schweben über den seen
es ist wie ein traum

ich gehe mit dem hund
und laufe mir die füsse wund
weil er nicht tut kacken
ich könnte knacken
ihm das genick

die sterne am himmel sie scheinen so schön
wenn ich doch wüsste nur für wen?
für mich scheinen sie sicher
das weiss ich genau
für dich scheinen sie sicher „au"
sie scheinen für jeden der lebt auf der welt
für jede gute seele unterm himmelszelt

es gibt salat
und hat spinat
auf dem tisch
zum fisch
und wir essen
denn wir müssen
„keine sachen
mehr machen"

hab noch keine stunde geschlafen
und es gaffen
die affen
wie blöd
ach ist das öd
weil ich bin nur wach
unter ihrem dach

das wiesel
frisst nen kiesel
und scheidet ihn aus
welch ein graus

der hahn der tropft sehr
wer will ihn flicken wer?
ein klempner sollte her
der kann flicken bitte sehr
den hahn
dann tropft er nicht mehr

beim nummerieren
wollen sie spüren
wie viel es mag leiden
um zu schreiben
verse und gedichte
und die vielen wichte
helfen dabei
und es ist einerlei
ob die hunde bellen
denn sie wollen
ihr futter kriegen
und sie liegen
wie tote fliegen
im hof herum

der nebel legt sich nieder
es ist wieder
trüb und grau
doch ich bin schlau
nehm stock und stab
und geh im trab
hoch den berg
bis zu dem zwerg
der dort drüben
hackt holz
ganz stolz

ach lass uns gehen
um zu sehen
ob die andern
sind vom wandern
schon zurück
was für ein stück
sie waren über berg und tal
sie waren ja fast überall
auf ihrer reise
neben dem geleise

der see ist zugefroren
wir haben kalte ohren
doch wir gehn schlittschuh laufen
um uns dann zu kaufen
einen warmen punsch
dazu hab ich einen wunsch
ich möchte sehen
die feen
die über den seen
zu hause sind

es brennt das haus
drum ziehn wir aus
alles verkohlt
ich hab gejohlt
ein neues haus muss her
und das dann bitte sehr
ganz schnell
gell!

es ist gemein
anwesend zu sein
bei einem prozess
wo es geht
um gewalt
dazu bin ich zu alt

ich spaziere an der Seine
mit einer träne
im auge
kommt sie von der sonne
die da scheint mit wonne?
oder vom abschied von dir
der du hast bedeutet mir
viel mehr als ein klavier?

es kommt der liebe „chlaus"
zu einer kleinen maus
und bringt ihr käse
den sie frässe
so gern
doch sie hat
keine zähne mehr
dann gehts bitte sehr
nicht mehr
zu fressen den käs

alles aus
der ganze schmaus
vom mittagessen
doch ich hab gefressen
wie ein drescher
ganzn fescher

ich hab kopfweh
oje oje
ich nehm ne tablette
und geh zur toilette
und die kinder motzen
und ich geh kotzen

es schneit weiter
und ich bin heiter
den ganzen tag
„was abä mag"
ich nehm den schlitten
auf meinen rücken
und geh den berg hoch
das ist famos
ich „schlittlä" runter
s geht drüber und drunter
bis ich bin ein schneemann
der nicht mehr laufen kann

welch eine wonne
es heitert die sonne
den himmel etwas auf
drum gehe ich raus
um zu spazieren
auf allen vieren
wie ein hund

in den ästen einer eiche
wohnt ne bleiche
fee
hast du mir einen tee?
fragt sie mich leise
denn ich habe
weh im bauch
das gibts auch
ich geh schnell kochen
einen tee
einen kleinen
feinen
für die fee

ich war beim arzt dem schlauen
mit den haaren den grauen
der gibt mir einen haufen pillen
gegen meinen willen
die ich soll schlucken
doch ich will spucken
sie wieder aus
und gehe dann nach haus

diese beiden
müssen treiben
über das meer
ach bitte sehr
haben fürs schiff kein geld
darum müssen sie schwimmen um die welt

einem herrn dem gehts nicht gut
er hat einen schwarzen hut
ich will ihm bringen einen tee
doch du sagst nee
willst du ihn verrecken lassen?
hast du nicht mehr alle tassen
im schrank?

so traurig still und leise
spielt er für mich eine weise
von der liebe so schön und schwer
und ich sage bitte sehr
so gehts im leben
eben
fast jedem

du machst sachen
die sind zum lachen
für klein und gross
es ist famos

sie gehn spazieren
mit ihren tieren
und schreiben träume
auf die bäume
diese sünder
sind wie kleine kinder
bereuen nicht die tat
und keiner vermag
sich erinnern daran
dass da kam
ein einrad daher
und da sass wer
auf dessen sattel
welche trottel
wissen das nicht mehr?

diese biene
ist wie eine maschine
kann laut brummen
und leise summen
hat den grössenwahn
doch da kam
wer mit der klatsche
und patschte
eine drauf

spazieren
mit den tieren
auf allen vieren
gehn sie gassi
ja sie
und an allen ecken
müssen sie warten
und spielen karten
in dieser zeit

du spielst die erste geige
und ich zeige
dir
wie das geht
auch wenn der wind weht
musst du spielen
mit gefühlen
und so tun als ob nichts wär
das gibt die erste geige her

morgentau glitzert im gras
da werden unsere füsse nass
und wir lassen grüssen
mit nackten füssen
alle die hocken zu haus
und nicht gehen raus

ich bin froh
und das kommt so
ich kann schreiben
und die feigen
am baum sind reif

und im strahl der goldenen sonne
tanzen wir aus lauter wonne
einen tango wunderbar
und es ist doch sonnenklar
niemand tanzt so gut tango
wie ich drum „gang go"
holen noch zwei drinks
für mich und Jinks

nach nunmehr drei jahren
hab ich erfahren
du liebst ne andere sehr
und nicht mehr
mich
was soll ich auch machen
soll ich lachen
ab solchen sachen
die so traurig sind?

da gabs einen herr
der wollte mehr
wissen
und essen
und wir sind gesessen
um ihn herum
und während er ass
nur so aus spass
sagt er zu uns
in meinem bauch
rumort es auch
drum geh ich und rauch

und wir hocken
und die schneeflocken
wirbeln uns in das gesicht
warum auch nicht?
da kriegt er gicht
der kleine wicht
kann nichts dafür
es ist nur
schmerzhaft sehr
und noch mehr
weiss ich nicht

zwei missionare
spazieren an der Aare
es plagen sie die mücken
sie wollen sich bücken
um zu schlagen eine drauf
da kommt eine nonne
ganz ne fromme
und fragt mit wonne
kann ich euch helfen auf?

der delfin schwimmt
und Fritz der nimmt
einen schluck aus seiner flasche
die er hat in seiner tasche
und fischt dann weiter
ganz froh und heiter

ich bin am einkaufen
und es raufen
sich die „buben
die struben"
über die beute
die sie gestohlen haben heute

juhe
der schnee
fällt auf die erde nieder
ich glaube wieder
an den weihnachtsmann
und dass er mir dann
ein geschenk bringt so gross
das wär doch famos

wir spielen golf
da kommt ein wolf
und schnappt sich
den ball vom golf
da frag ich dich
hast du noch nen neuen ball?
denn überall
liegt kein ball

wir lassen die korken knallen
und zeigen allen
wie schön es ist
auf dieser welt
auch ohne geld
in den taschen zu haben
doch tun wir nicht klagen
und nicht verzagen
wir haben ja uns
und essen „capuns"

ich vermag
kein heisses bad
ich armer schlucker
bin nur ein drucker
verdiene so mein geld
hab nichts andres auf der welt
und vermag nicht mal
ein heisses bad

ich muss die fenster schliessen
denn sie schiessen
wieder mit alten kanonen
und meinen bohnen
die ich bräuchte
zum kochen heute
für die lieben leute

ich habe tränen
in den augen
du musst mir glauben
für mich gibts nur dich
der mir holt vom himmel die sterne
und mit mir fährt in weite ferne
der für mich schaut wie für ein kind
ich hoffe dass wir immer zusammen sind

ich lass die kiste starten
denn ich muss warten
bis ich kann schreiben
und bleiben
mit meinen gedanken dabei
denn es ist nicht einerlei
was ich da schreibe
denn ich suche eine bleibe
für mich und meine geige
das ist schwer
so sehr

das istn scheiss
wenn man nicht weiss
wer zum essen kommt
und promt
fehlt einer
der noch kleiner
ist als ich
der arme wicht

er frisst ja nur sachen
die dick wolln ihn machen
drum frisst er im nu
eine schokolade dazu
man kann ihn rollen
und er kann tollen
mit seinen enkeln herum

der weihnachtsmann
der ist betrübt
denn was er sieht
macht ihm keine freude
die lieben leute
und ihre kinder
sind noch „minder"
es ist zum kotzen
auf dieser welt

ach bleib doch hier
und sage mir
was zieht dich denn fort
von diesem ort?
bin ich es der dir auf den wecker fällt
oder ist es weil wir haben kein geld?
sag es mir
vielleicht kann ich helfen dir

ich gehe „tschutten"
da seh ich die „blutten"
weiber von nebenan
die habens mir gleich angetan
ich werf den ball übern gartenzaun
da kommt eine lady so ganz braun
ist die adrett
und sagt ganz nett
der ball gehört
wohl ihnen

die tage gehen weiter
ganz froh und heiter
da kommst du daher
und ich frage mich wer
hat dich so zugerichtet
denn du fürchtest
jeden hund
und das nicht ohne grund

ich will wissen
ob du kommst zum essen
und wir fressen
uns durch die gänge
wie wenn es lange
nichts mehr gäbe

was „chami"
„Gottvertammi"
bringen aus der ruh?
das bist du
wenn du willst gehn mausen
und die abrechnungen lässt sausen
ich erklär
das ist nicht fair

da kommt ein sturm
du armer wurm
die wogen sich türmen
es ist am stürmen
wie es nur kann
du armer mann
ratte und maus
verlassen ihr haus
sie gehen baden
da kommen die raben
und fressen sie auf

ich mach ne kleine feier
doch ists mir nicht ganz geheuer
wenn du auch kommst
denn du benimmst
dich immer daneben
so ist es eben

ich hab ne wachtel
in einer schachtel
die kann nicht fliegen
an einem trüben
tag
hab ich sie gefunden
und ihr eingebunden
ihren flügel lahm

ich kann nicht kochen
hab nichts mehr auf den knochen
der herd ist kalt
ich fühl mich alt
kein holz ist mehr da
der wald wär nah
doch bin ich zu schwach
um holz zu holen
hab auch keine kohlen
drum bleibt der herd kalt

ich bin so heiter
könnt immer weiter
den hügel hinauf
mit dem letzten schnauf
komm ich oben an
ei was seh ich dann?
die sieben zwerge
hinter dem berge
die kohlen
holen

hast ein loch im boot
jetzt bist du in not
es kann keiner dich hören
und niemand dich betören
hast keine zeit
und das ufer liegt noch weit
die ratten verlassen
die heimat die sie besassen
zu Gott beten
und warten
ist alles was du kannst

ich wohne am meer
ach bitte sehr
mich tun beneiden
und darum scheiden
sich die gemüter
und alle güter
mir wenig nützen
denn mich beschützen
nur ein paar hunde
und das hab ich im grunde
auch nicht gern
denn die sehen lieber fern

kannst dich nicht retten
will mit dir wetten
dass du gehst unter
gar nicht mehr munter
du bist am kämpfen
die wogen sie lenken
dich auf ein riff
ach das arme schiff
es kracht das holz
und du gehst stolz
unter

ich habe keinen „pfupf"
drum geb ich mir nen „stupf"
um zu gehen raus
da seh ich eine maus
und sie fragt ganz nett
willst du sehen mein haus?
hab viele kinder
muss stopfen viele münder
kannst mir doch kaufen
einen haufen
körner für sie?
das vergesse ich dir nie

musik wir hören
möchte nicht stören
doch will ich wissen
woher klingen
die melodien?
sie kommen von Purzel
der wohnt unter der wurzel
und dazu singt
ein feenchor
das tönt so schön im ohr

ich liebe eier
sagt der Meier
und schlägt in die pfanne sich
fünf eier sicherlich

ich trete einer maus auf den schwanz
das gibt nen fürchterlichen tanz
und die maus ist ganz
benommen
weil ich hab ein stück von ihr genommen
und es kommen
mäuse viele
in die diele

die stunden ziehen vorbei
das ist mir einerlei
keinen sinn hat mein leben
drum wart ich eben
bis ich kann gehen
um die andre welt zu sehen

die frauen
wie pfauen
stolzieren daher
und ich frag sie bitte sehr
müsst ihr gehn wie pfauen
ihr frauen
froh und heiter
immer weiter?

ein wort gibt das andere
drum steh ich auf und wandere
alleine durch den wald
da treffe ich bald
den wichtel Purzel
der wohnt unter der wurzel
er sagt hallo
und ich frage wo
bist denn du zu haus?
grad über der maus
die wohnt unter
mir drunter

ich gehe den pfad
und der geht bergab
bis runter ins tal
und weiter allemal
vorbei an wiesen
und ich lasse grüssen
alle die mich kennen
kann sie nicht beim namen nennen

der herr mit der melone
der ist nicht ohne
der findet gefallen
an allem
was zählt

ich lerne einen kater kennen
der fängt an zu rennen
sobald er mich sieht
ja er flieht
regelrecht vor mir
glaube mir

ich gehe spazieren
da tu ich verlieren
meinen ring
das istn ding
gehe ihn suchen
und könnte fluchen
weil er ist so klein
doch er ist mein

wie schön das tut
ach das tut gut
sich im tango zu wiegen
und nachher zu liegen
unter einem baum
was für ein traum

in den dünen
da wohnen die grünen
männlein vom mars
von dort kommen sie
was wollen denn die
da unten bei uns?
vielleicht essen „capuns"?

ich will nicht mehr
und mag nicht mehr
ach bitte sehr
was solls noch mehr?

zucker ist des lebens salz
wie auf einem brot das schmalz
drum ess ich gern zucker
und hau dazu locker
ein schnäppchen
dem leben
eben

unter dem baum
oh welch ein traum
liege ich heute
ihr lieben leute
und träum von der ferne
dorthin würd ich gerne
gehen zum fischen
um nachher zu tischen
meinen fang auf

unter dem baum
da such ich mir raum
um zu tanzen allein
so schön kann das sein
die elfen und feen
kommen von den seen
geflogen herüber
und tanzen mit mir

ich stand in einer pfütze
drum ess ich nachher ne „grütze"
um mich nicht zu erkälten
doch das tu ich selten

wir sind zu zweit
und haben streit
das kann ja „heiter werden"
bis zum verderben
und das tut weh
ojemine
wir müssen uns wieder vertragen
denn mich plagen
das schlechte gewissen
und das ist beschissen

hocke im loch
das kenne ich doch
mag nichts mehr machen
auch keine sachen
die mich könnten
aufheitern
brauch keine leitern
um rauszukommen
werde da unten verkommen

ganz jung und nett
ja so adrett
kommt mir ein mädchen entgegen
im regen
und ich muss sagen
ich wollte sie fragen
nach dem weg
doch ich war zu scheu
das ist nicht neu

es ist zum lachen
ich muss machen
einen baum ganz gross
der wird famos
und die kerzen hellen
die herzen wieder auf

ich geh mit ihm nach haus
da seh ich eine maus
oh welch ein entzücken
ich tu nicht erschrecken
die maus wird ganz traurig
denn das wäre schaurig
schön gewesen
wenn ich mit einem besen
versuch sie zu vertreiben
doch sie wird bleiben

wie gut
das tut
ein bad im see
da kommt oje
ein haifisch daher geschwommen
und hat mich grad am arm genommen
er hat mich halt zum fressen gern
jetzt kann ich nicht mehr sehen fern

dieses buch
ist wie ein fluch
kanns nicht zur seite legen
es ist eben
viel zu spannend
drum lese ich
bei kerzenlicht
weiter im buch
das ist wie ein fluch

dieser hund der schlaue Bill
will nicht so wie ich gern will
möchte mit ihm spielen ball
doch er ist nirgendwo und überall
so macht es keinen spass
und ich verlass
das areal

mag nicht mehr
bitte sehr
das stresst
zu fest

sie lassen grüssen
fernab die süssen
mädel vom strand
ja das ist allerhand
liegen in der sonne
oh welche wonne
lassen sichs gut gehen
und wir müssen uns bemühen
dass kohle kommt herein
das ist doch gemein

diese seiten
tun mich begleiten
überall hin
grad dort wo ich bin
dann setz ich mich hin
fang an zu schreiben
über bäume die eiben
und die bleiben
immer am selben ort
dann geh ich wieder fort

meine tochter
so ne „göre"
isst ne möhre
und ich höre
nicht mal am tisch
will sie nen fisch
hab ich doch gekocht so fein
doch sie lässt das alles sein
sie ist auf dem gesundheitstripp
und das hält sie fit

gruss vom meer
ach wie sehr
wünscht ich mir
ich wäre dort
an diesem fremden ort
und könnte baden
in den wogen
vom warmen meer
ach bitte sehr
das ruft nach mehr

wie im märchen
tanzen die pärchen
auf dem parkett
ganz adrett
und wie verliebt sie tanzen
sie hängen sich an den „ranzen"
es ist so nett
und schon gehts ab ins bett

ich gehe fort
an einen andern ort
wo mich niemand kennt
und meinen namen nennt
da beginne ich neu
und darauf freu
ich mich sehr

da kommt ne biene geflogen
die hat mich schön betrogen
setzt sich auf mein „konfibrot"
und stellt sich tot
hab dreingebissen
sie hat mich beschissen
und sticht mich in den mund
jetzt bin ich ganz wund
und das ist ungesund

ich bin daheim
so ganz allein
da seh ich
dich
durch die strassen gehen
du kannst mich nicht sehen
hast mich verlassen
darum verblassen
für mich alle sterne
die ich sehe so gerne
die du mir wolltest schenken
doch jetzt hast du keinen gedanken
mehr daran

ich trag ne mütze
und steh in einer pfütze
möcht fahren in die südsee
doch ich kriege kalt
weil ich bin schon alt
die füsse sind nass
und ich werde ganz blass

darauf kann ich scheissen
ich will nicht beissen
auf einen stein
darum lass ichs sein

ich schlafe im hafen von Miami
da kommt ein mann „verbii"
und fragt ganz nett
haben sie mir ein bett
für diese nacht?
und er macht
einen eindruck ganz flott
und ich sage sofort
s ist zwar nicht mein
doch kommen sie rein

wir sind noch ganz benommen
und die elfen kommen
und bringen uns nektar
der ist ganz klar
zum trinken
und wir winken
ihnen zu

lasse die süssen
mädel am strand
schmoren im sand
bis sie haben
einen sonnenbrand
das ist doch allerhand
das tut weh
oje oje
sie salben und schmieren
bis sie haben wieder ihren
körper gesund
und nicht mehr rot
und halb tot

die fliegen sie hocken
gern auf deinen armen
in der warmen
jahreszeit
und sie stören
dich zu jeder zeit
wenn du bist am dösen
unter dem monströsen
eichenbaum
und träumst deinen traum

die mikrowelle
die ist schnelle
wärmt mein essen auf
kann grad warten drauf

und du kannst dich nicht mehr anlehnen
nur noch dich sehnen
nach der hand
die leider verschwand
heute im grab
und das am helllichten tag

der journalist
der hatn mist
gebaut
drum haut
er ab auf die bäume
dort hat er viele träume
von kulturen den fremden
aber die träume enden
immer zu haus
wo er einen gibt aus

ich bin am dichten
über meine nichten
die hängen an der bar
das ist für sie ganz klar
ich rege mich auf
das ist nicht der brauch
von unserer sippe
wir hängen eher an der strippe

da kommt eine frau in rot
die hätte gerne ein brot
ich geb ihr eins
weil sie hat keins
für ihre kinder daheim
denn das ist gemein
die müssen hungern
und darum lungern
sie alle herum

die fischer
mit ihren netzen
die hetzen
von platz zu platz
und hoffen
sie finden den schatz
dessen karte sie
haben gefunden
vor ein paar stunden

ein huhn und ein hahn
die sind voller gram
kriegen keine küken
welche sie könnten entzücken
sie bleiben allein
das ist doch gemein

am morgen gehe ich ins bett
am mittag grad schon wieder
nachmittags leg ich mich nieder
das ist doch kein leben mehr
bitte sehr
möcht es verlassen
immer mehr

die rosen sie blühen im garten
und ich muss warten
auf dich
wir wollen spazieren
und ich will dich führen
an orte ganz schöne
wo wir können verweilen
und uns nicht müssen beeilen
wo wir uns können küssen
ohne angst haben zu müssen
dass wir werden gestört
ist das nicht unerhört?

die rübe
hat trübe
aussichten
denn Gott sei ihr gepriesen
wird sie verspiesen
wie andere rüben auch

wir sind am feiern
da wird geworfen mit eiern
an unserem fest
was für ein test
doch wir lassen uns
die laune nicht verderben
s werden sein die erben

ein neuer mieter wohnt in unserem haus
doch wie sieht er wohl von unten aus?
kann man ihn stellen auf den kopf
und kommt heraus
wenigstens ein knopf?
oder ist er auch so „stier"
wie wir?

trink mit dir
ein glas bier
das tut ablenken
von den gedanken
die ich hab
und nicht zu knapp
möchte nicht mehr leben
eben

mein klavier
das hilft mir
über schwere stunden hinweg
bis ich wieder finde den weg
der vorwärts geht

ich will gehen
um zu sehen
was die wohl machen
mit unseren sachen
welche wir nicht konnten bezahlen
und darum holen
sie alles wieder ab
und bringen es zurück
es ist verrückt

die frau Meier
verkauft ihre eier
gerne an leute
mit kleinen hunden
denn dann gesunden
die noch mehr

die frau von nebenan
kauft ihre eier
immer beim Meier
und nicht beim bäcker
doch hätte der
frischere eier
als der Meier

die Lotte und das Lieschen
stehn auf einem wieschen
ein frosch hüpft daher
und wie der blitz
stehn Lotte und Lieschen
nicht mehr auf dem wieschen

die schneekristalle blitzen
im hellen sonnenlicht
und ich bin am schwitzen
nein das tu ich nicht

doch er tut
unds tut ihm gut
körner aufschichten
das sind seine pflichten
die muss er verrichten
der hahn
Silberzahn

das schreiben
das lass ich nie bleiben
immer wieder
schreibe ich nieder
gedanken aus meinem kopf
die werf ich dann in einen topf
und suche mir daraus
was sich reimt heraus

ich will machen
noch hundert sachen
bevor ich sterbe
und lieg unter der erde
das hat noch zeit
ich bin noch nicht bereit

die kinder die stören
die gehören
gar nicht hierhin
doch sie wissen nicht wohin
denn ihr spielplatz
ihr grösster schatz
wurde gemacht
ganz sacht
dem erdboden gleich

ich hänge am leben
eben
nicht

es gackern
die wackern
hühner vom hof
denn die frau Meier
stiehlt immer ihre eier
da kräht der gockel
vom sockel
lass das sein
die sind mein

es ist zum kotzen
das ewige motzen
mag nichts mehr hören
von euch „gören"

die fliegen sie hocken
gerne auf einem „mocken"
scheisse der kuh
dort sollen sie bleiben
dort wird sie niemand vertreiben
und uns nicht auch noch stören
denn sie gehören
nicht zu uns

Silberzahn
wäre ein glücklicher hahn
wenn es nur die frau Meier nicht gäbe
die kommt jeden morgen ins gehege
und holt die frisch gelegten eier
die frau Meier

schlittschuhlaufen
mit einem haufen
lieber leute
das möchte ich heute
fürs leben gern

prospekte flattern mir ins haus
da kommt keiner mehr draus
da gibt es mikrowellen
die schnellen
und „leibchen"
für weibchen
und games zum spielen
für die vielen
freaks unter uns

es kräht der gockel
vom sockel
weil die frau Meier
holt seine eier
und den hahn
wirfts aus der bahn
drum will er dann
ein harem von frauen
die für ihn schauen

es hat noch braten
der tut darauf warten
gegessen zu werden
doch dann gibts scherben
und wir können erben

eine maus
im gartenhaus
was soll ich dazu sagen?
sie hätt mich können fragen
ob sie darf wohnen
und ob wir sie schonen
im gartenhaus
die kleine maus

ich sage lass das saufen sein
sonst musst du wieder heim

ich muss warten
im rosengarten
auf das bier
das gönn ich mir
und dann „fahr ii"
mit einem „balari"
nach hause zu mir
und mache dir
zur versöhnung
eine kleine bescherung

die hühner sind stolz
auf ihren chief
denn er rief
zusammen alle
um mit dem kleinen balle
ein match zu spielen
und sie fühlen
dass sie gehören
auch die jungen „gören"
alle zusammen
und das ist schön

frau Rageth
die ist sehr nett
und so adrett
geh gern zu ihr
weil sie mir
tut helfen
strukturen zu machen
und solche sachen
und positiver zu sehen das leben
eben
doch das ist schwer
und gar nicht mehr
so sicher

möchte dem leben entsagen
du musst nicht fragen
es ist meine entscheidung
und mein fester entschluss

der herr so rund
der ist gesund
den dicken bauch
den hat er auch
vom vielen bier
das sagt er mir

ich bin clean
wo gehn wir hin?
an einen schönen ort
wo wir können dort
uns selber sein
so ganz allein
und wir lassen hinter uns
die ganze welt
weil sie uns nicht mehr gefällt

und sie pflanzen
für jedes kindchen
ein junges bäumchen
noch ohne pfläumchen
in die erde
und es werde
daraus ein baum

zum schreiben
brauche ich stille
das ist mein wille
sonst kommt nichts rechtes
und dann flucht es
in mir drin

wenn ich am dichten bin
dann hat es keinen sinn
mich zu stören
denn dann muss ich hören
in mich hinein

die kinder rollen
und tollen
am boden sich
ich möchte auch so rollen
und tollen
doch bin ich
leider schon zu alt
dann macht man das „halt"
nicht mehr

die vögel pfeifen
und wir greifen
nach unseren schuhen
um zu gehen
spazieren nach draussen
und wir lauschen
den vögeln zu
wie sie jubilieren
und musizieren
es ist wunderschön
so im park zu stehn

ich gehe fort
an einen andern ort
wo mich niemand kennt
und meinen namen nennt
da beginne ich neu
und darauf freu
ich mich sehr

in der enge
der taverne
näher die menschen rücken
und zu ihrem entzücken
sich sagen liebe worte
und gehn an stille orte

kinderaugen glänzen hell
vorüber huscht ein lächeln schnell
das christkind hat auch sie begrüsst
und ihnen den langen abend versüsst

mein begleiter
steht auf der leiter
will schaun
nach drüben
über den zaun
er sieht nur rüben
und einen baum
doch das betrübt ihn sehr
und er beschliesst
zu klettern auf keine leiter mehr

mit ein paar noten
in der tasche
und ner flasche
in der hand
das bringt mich fast
um den verstand
zu saufen ewig
das hab ich gehörig
satt
wenn du willst
mach das alleine
von mir kriegst du keine
flasche mehr

für hundert franken
tanken
bitte sehr
dann fahre ich ans meer
lass mich verwöhnen
und schau den schönen
mädels zu
dies hat am strand
im weissen sand
ich lach mir eine an
bis wir dann
sind ein paar
zu zweit fahrn wir zurück
das ganze stück
unds dauert nicht lange
mir wird ganz bange
sind wir zu dritt

ich möchte tanzen
einen tango
mit Fernando
dem tangotänzer
der hat den rhythmus
in seinem blut
er bewegt sich so graziös
da werd ich ganz nervös
wir kleben aneinander
das shirt wird ganz nass
doch tango zu tanzen
das macht einfach spass

wir wollen bauen
im sand ein haus
doch es wird nichts draus
die flut steigt an
und zerstört dann
unser haus

ich schenke dir
und auch mir
ein geschenk ganz gross
das ist famos
es ist für uns beide
wir drücken an der scheibe
uns die nase platt
bis es kommt
und wir prompt
anfangen zu spielen
um zu erzielen
den grössten gewinn
hat das noch einen sinn?

wir fahren mit dem schlitten
aus umgekehrten betten
und sausen hinab ins tal
eins ums andere mal
bis ich sag jetzt ists genug
ich brauche einen ganzen krug
heissen tee
der schmeckt nach „mee"
ich kriege nochmals welchen
die andren trinken punsch
auf ihren wunsch

kopfweh am see
ach nee

hock in der suppe
mit meiner „puppe"
weiss nicht was machen
alle andern lachen
weil wir haben verloren
schuhe und strümpfe
und noch andere sachen im sumpfe

da gibt es einen geheimen gang
den zu finden das wär ein fang
die bande vertuscht
mit einem busch
den eingang ganz clever
und das für ever

auf schusters rappen
gehe ich tappen
in einen fernen wald
da lerne ich bald
die wichtel kennen
und sie benennen
einen wichtel ganz klein
nach meinem namen mein

möchte wissen
warum küssen
sich die beiden
unter den weiden
so fest und innig?
das ist ja irrsinnig

die herren aus Bern
die haben es gern
etwas gemütlich
und sie tun sich gütlich
an einem glas wein
muss das sein?

der liebe Gott
der ist ganz flott
hat mir geschickt
einen engel
keinen bengel
der mich beschützen tut
in jeder not

wir gingen über grüne „matten"
da taten
mir die füsse weh
im frischen schnee

im badezimmer
da geh ich immer
ein und aus
mal steh ich unter der braus
mal stehe ich am lavabo
jas geht immer so
tagein und tagaus

die blätter sie rauschen
im nahen wald
und ich hab einen „rausch"
schon ganz bald
bin wieder am saufen
einen haufen bier
hilfst du mir
wegzukommen von diesem laster?
denn es kostet einen haufen zaster

die blätter sie fliegen
ich bin am liegen
um meine ohren
mag nichts mehr hören
bin wieder allein
und das ist gemein

ich mags nicht mehr ertragen
hab so viele fragen
ans leben
wer kann mir antworten geben?
will nicht mehr weiter schweben
im ungewissen
eben

es ist mein traum
unter einem schönen baum
zu sitzen
und nicht zu schwitzen
und ein buch zu lesen
bin ich nicht ein komisches wesen?

ein zapfen eis
hängt am geleis
da kommt ein „zug" daher
unds gibt ihn nirgends mehr
den zapfen eis
an dem geleis

im laufe der jahre
gibts graue haare
und jeder weiss
das ist jemand mit erfahrung
der jedoch bei der nahrung
aufpassen muss

alles ist so schwer für mich
denn ich liebte doch nur dich
mag nicht mehr lachen
und spässe machen
verleidet ist mir das leben
drum gehe ich eben

ein goldgräber findet ein grosses nugget
er steckt es einfach ins jackett
am abend geht er einen trinken
und tut winken
die kollegen herbei
und zeigt ihnen sein ei
die kollegen staunen
und ein raunen
geht durch den saal

der herr der grollt
der rubel rollt
hat grad verloren im spiel
das wird ihm zuviel
hört jetzt mit spielen auf
denn alles geld ging drauf

die mühlen sie mahlen das korn
und ich muss bezahlen den korn
den ich hab bestellt
dabei habe ich kein geld
muss schauen wie das geht
hoffentlich sie mich versteht
dass ich hatte durst
denn „das ist nicht wurscht"

die glocken vom turm
sie läuten sturm
von westen kommt
eine front
die ist so gewaltig
und nachhaltig
die schäden sind enorm
unendlich wild das meer
es tobt einher
ein mann im mast
ich seh ihn noch
dann bricht der mast
wo ist er?
doch
ich hör ihn rufen
wer kann ihn retten?
ein mann in einem boot
ist der retter in der not
erschöpft kommt er an
s ist Sepp mein mann

eine horde von buben
sie kommen von „druben"
versuchen zu stürmen unser haus
doch da wird nichts draus
wir haben drei hunde
die auf die buben warten
im garten

ein küken das will auf die welt
und schauen ob es ihm gefällt
der hahn und das huhn
die schauen ihm zu
wie es die schale zerbricht
der kleine wicht
und schaut sich rasch um
doch „es ist ihm nicht drum"
verkriecht sich wieder
unterm gefieder

der wind weht eisig übers land
väterchen frost hat alles in der hand
mag jetzt nicht spazieren
nur um zu frieren
an meinen kopf
der hund kann alleine gassi gehn
auch wenn ihm die winde um die beine wehn

es fragt nach dem weg eine spinne
sie möchte gehen zur Zinne
der weg ist weit
und gefährlich
ich bin bereit
die spinne zu tragen
in meinen alten tagen
sie flüstert mir ins ohr
du bist ein schatz
und gibt mir einen schmatz

die ratten verlassen
das sinkende schiff
der käptn ruft ins horn
alles nach vorn!
und die passagiere die eilen
können nicht mehr verweilen
an den schönen plätzchen
mit ihren schätzchen

ein bisschen pronto
gib mir geld von meinem konto
will fahren heut
in die ferien leut
drum brauche ich die kohle
die ich mir jetzt hole

in die kaserne
da geh ich nicht gerne
da muss ich stehen still
und nicht grad wann ich will
da muss ich rennen fast um mein leben
und ich gehöre nicht zu denen die streben
drum bin ich nachher ganz k.o.
das ist „halt" einfach so

der herr mit der melone
kauft sich eine zitrone
eine aber ohne fett
das fräulein das ist nett
und fängt zu suchen an
und findet dann
eine zitrone ohne fett
die isst der mann
und das
ohne spass
an seinem tisch
zu einem fisch

die frau in blau
die weiss genau
was sie will
und das ist viel
sie will ein haus mit garten
wo sie kann warten
auf den chauffeur
der bringt sie zum friseur

der mond schaut scheu
vom himmel runter
da gibts ein pärchen neu
das sich trifft ganz munter
sie küssen sich fest auf den mund
und der mond wird kugelrund

hahn Silberzahn
hat einen wahn
er möchte alle hennen
die ihn kennen
einladen zum dinner
nur für spinner
und für die küken auch

ein zwerg
geht kohlen
holen
aus dem berg
den ganzen tag
bis er nicht mehr mag
dann macht er eine pause
bei einer „sause"
jetzt mag er gar nicht mehr
kohlen
holen
aus dem berg

das trifft sich gut
der herr hat einen hut
und so frage ich
könnte tragen ich
ihren hut
weils mir tut gut
weil ich hab keine haare mehr
und die sonne brennt so sehr
erbarmungslos vom himmel

eine alte frau
ganz rüstig noch
säuft gerne einen über den durst
doch doch
und dann will sie schmusen
anstatt zu „pfusen"
in ihrem bett
das ist nicht nett

ich will dichten
und berichten
von des menschen leben
eben
und der tiere auch
das ist mein brauch
und die wichtel und feen
über den seen
verstehn das auch

zwei herren kommen so stolz daher
man könnte meinen „sie wären mehr"
doch dreht man sie um
bleibt alles stumm
kein groschen fällt aus der tasche
das finden sie ne fiese masche
fies hin oder her
die herren sind pleite bitte sehr

wir verstellen
an den hellen
ort im raum
unseren baum
er ist schon gross
und so famos
jetzt kann er wachsen und gedeihn
das ist doch fein

der Herrgott
hält seine hand über mich
in den schweren zeiten
die mich jetzt begleiten

dem himmel frönen
und nicht klönen
ein engel zu sein
und nicht mehr allein
was will ich noch mehr?
das ist doch sehr
schön

schreibe lieber in der nacht
da stört mich sicher keiner
da ist es friedlich und nicht einer
ist noch auf

der frühling
das istn ding
blüht einfach vor sich hin

es weiden die kühe am sumpfigen ort
hier ein fladen und einer dort
doch das kann uns nicht erschüttern
haben gute schuhe an
mit denen man
durch alles gehen kann

ein hase
läuft mir über die nase
ich muss niesen
und tu den hasen verdriessen
er läuft fort
an einen anderen ort

ein entzückter fragt
wies mir denn „gaht"
ich sage gut
er nimmt den hut
und sagt madame
ich bin ein mann
möcht mit ihnen tanzen gehn
und am himmel die sterne sehn
möcht sie auf händen tragen
und ganz ernsthaft fragen
wollen sie werden meine frau?
ich sag ich weiss es nicht genau
hab zu haus noch einen mann
der auch tanzen kann

die hunde wollen
herumtollen
auf der grossen wiese
es geht eine freche bise
die herrchen die frieren
und wollen aufhören mit parlieren
doch die hunde sind voll im schuss
welch ein genuss
die herrchen pfeifen
und die hunde sie schleichen
heran
sie müssen an die leinen
weil die herrchen meinen
im café wärs nicht gut
wenn man den hund nicht an die leine tut

die frau Fehr
die kennt wer
weiss aber nicht mehr so genau
was für eine hübsche frau
sie geht klingeln
bei den leuten
und fragt nach einer hübschen frau
und sie findet sie dann „au"
so gehn die beiden frauen
in die stadt
bis sie haben das stadtleben satt
dann gehn sie aufs land
dort ist ja los allerhand
kaputt geht ihr wagen
und sie müssen ihn schieben
bis zur nächsten garage
der garagist sagt vage
seinen preis
da hauts die beiden frauen um
von nun an gehn sie nie mehr fort
aus ihrem kleinen ort

zwei blumen schauen vom garten rauf
eine ist schöner als die andere drauf
sie werden eifersüchtig
doch sie sind ja beide tüchtig
und geben sich so mühe
um allen
zu gefallen
da kommen zwei kühe
sehen die blumen mit mühe
und sehen sich an
und dann
fressen sie sie mit stiel und stumpf
sie fressen sie mit einem „schlumpf"

die mäuse johlen
sie piepsen im chor
die katzen alle sind aus dem haus
suchen sich einen grösseren schmaus
die können uns gestohlen bleiben
jetzt wollen wir uns die zeit vertreiben
mit schlittschuh laufen auf dem parkett
zu musik
einem terzett
mit verstecken spielen
in den alten dielen
mit käse suchen
und auch kuchen
mit trampolin springen
auf dem sofa von frau Lingen
mit rauf klettern auf katzenbäume
ja so viele träume
erfüllen sich die mäuse
doch dann hören sie ein miau
und alle gehn wieder in ihren bau

ich habe eine beule
von einer keule
die gehört dir
und du hast mir
übergezogen eine
weshalb ich jetzt weine

Simone
ist ne kleine bohne
aber ganz und gar nicht ohne
streiche spielt sie
wo sie nur kann
doch erwischt wird sie nie
und dann
freut sich Simone
die kleine bohne

es regnet
und der pfarrer segnet
seine heilige kuh
sie macht dazu nur muh
das hat er gesehen
im fernsehen
und sich gekauft sofort
eine kuh im ort
ein jeder schmunzelt
über den pfarrherrn
und man munkelt
er hätte noch mehr gern

ich möcht testen
die besten
läufer
von daheim
drum lad ich alle ein
sie laufen rennen
von hier nach dannen
und kotzen sich
ich weiss es nicht
die seele aus dem leib
doch dann gibts streit
jeder will der erste sein
und beschuldigt
das ist gemein
die andern
dass sie nicht fair wandern

die herren wollen einen kippen
hinter die binde
das riechen gar blinde
die frauen wollen nur nippen
an ihrem glas
und nicht leeren ein fass

frau Hussein
das macht einen sinn
geht kohle holen
um sich zu kaufen einen ring

der Bill und der John
die warten schon
mit einem glas sekt
„au verreckt"!

das hühnchen kann brüten eier
und der hahn kann zur feier
die küken unterrichten
im körner aufschichten
denn das ist eine kunst
die keiner mehr kann
er ist der einzige hahn

es gackern
die wackern
hennen vom stall
ja sie sind überall
nur nicht mehr im stall
sie rennen in die häuser rein
und jeder kann sie fangen ein
dann kommen sie in die pfanne rein

schon halb elf und ich lieg immer noch halbtot im bett
es wäre nett von dir
wenn du kämst zu mir

der fuchs schleicht um den hühnerstall
da hat es hühner überall
hahn Silberzahn ruft seine hennen
die fangen an zu rennen
die küken sind schon im hühnerhaus
da zottelt der fuchs ganz frustriert nach haus

das ist ein gutes zeichen
und auch die weichen
stehen gut
warum er das tut?
um aufzuschneiden
bei den
nutten
den kaputten

die nacht neigt sich dem ende zu
ich gehe immer noch nicht zur ruh
bin aufgedreht
wenn das nur gut geht

du kannst dich freuen
über den neuen
hausmeister
denn er
will nicht mehr
dass wir draussen spielen
mit den vielen
kindern vom haus
das ist nun aus

die Henriette
die adrette
gibt ne fete
die leute kommen von überall her
doch mir fällt es schwer
unter den leuten zu bleiben
denn sie vertreiben
sich nur die zeit
mit blödem quatschen
und tratschen
um die „latschen"
vom nachbarn

die buben lassen ihre hosen runter
da gehts drüber und drunter
und zeigen ihren pimmel
ist das ein gewimmel!
da kommt der pfarrer
und sagt aber
einpacken sofort
sonst hört ihr Gottes wort!
das wollen die buben nicht hören
und hören auf zu stören
packen ihren pimmel ein
und gehen wieder heim

es kräht der gockel
dort vom sockel
nicht vom miststock
dazu ist er zu fein
er kräht ganz allein

eins ist so wahr
und das ist klar
du bist mein patenkind
drum nehm ich dich geschwind
in meine armen
die warmen

ich denke ich kriege ne bleibe
und für dich ne scheibe
brot
für die not

dann bringen sie die kiste
und deine reste
werden eingepackt
dann kommst du unter die erde
und du werde
langsam wieder zu staub

wir warten
im garten
bis der nachbar kommt
und prompt
kommt er mit schirm und melone
denn ohne
geht er nicht aus dem haus
wir lachen ihn aus
da fängt es an zu regnen
und wir werden nass
haben zwar unseren spass
doch der nachbar spannt seinen schirm auf
und es regnet ihm dort drauf

jawohl
das ist toll
zu schwimmen im see
was willst du „no mee"?

die kleine henne
hat eine antenne
damit der hahn
sie finden kann
sie läuft gern fort
auch wenn er spricht
ein scharfes wort
weil sie nicht bleibt am ort

ich stehe unter der linde
mit einem kinde
im arm
so hat es warm

du bist eine flasche
nimm eine kerze in die tasche
dann hast du licht im dunkeln
und siehst die sterne immer noch funkeln

die eier sie rollen
die hühner sie tollen
mit dem hahn herum
doch das ist dumm
nachher müssen sie suchen
die eier überall
und fluchen
weil eines fehlt
und nicht ist im stall

morgens früh wenn ich aufstehe
und ich gehe
aus dem haus
seh ich schon die kleine maus
und sie bettelt jeden morgen
das macht mir etwas sorgen
muss doch fürs fressen selber schauen
und nicht bei den menschen klauen

dem kleinen ei
ists einerlei
von wem es wird gebrütet
hauptsache es ist behütet
dann schlüpft aus dem ei das küken
und es muss aufpassen
dass es die hennen nicht erdrücken
doch es nimmts gelassen

die pfauen
die schauen
betrübt vor sich hin
was ist der sinn?
die küken sind davongelaufen
und jemand will sie verkaufen
darum schauen
die pfauen
betrübt vor sich hin

draussen haben wir ein grosses essen
müssen aber stressen
weil das wetter sich dreht
drum wird es zu spät
für das feine dessert
das essen wir nachher

wenn zwei sich streiten
dann lacht der dritte
aber bitte
warum denn das?
es gäbe doch was
dass alle drei streiten
dann lacht niemand mehr
so sehr

eine horde wild gewordener hunde
nutzt die stunde
um zu rennen
in die stadt
dort wo es viel futter hat

meine suizidgedanken
weisen mich in die schranken
sie schränken mich ein
das müsste nicht sein
wenigstens der wein
bleibt noch mein

die sonne scheint vom stahlblauen himmel
der Klaus der sonnt seinen pimmel
da kommt eine dame daher
und fragt bitte sehr
muss das sein
so ganz allein
sonnen seinen pimmel?
sie kommen mal nie in den himmel

so n geist
du weisst
ist nicht ganz ohne
du kleine bohne
er kann dich erschrecken
und tut dich dabei aufwecken
drum pass auf
damit er nicht kommt rauf
damit du nicht kriegst angst
und dabei bangst
dass es endlich wird morgen
dann sind vorbei deine sorgen

silvester ist heut
liebe leut
aber ich verschlafe ihn
das ist in meinem sinn

ich kriech unter die decke
da kommen vier „säcke"
die wollen mich stören
und ohne auf mich zu hören
machen sie radau

eine herde
wilder pferde
galoppiert
über die gefrorene erde
da wiehert ein pferd
ach bitte Gerd
lass uns laufen
ich muss zu fest schnaufen
ich bin nicht mehr in form
das ist enorm
und alle anderen sind auch froh
dass es ist so

die buben streiten um eine wette
der eine der hat eine kette
ihr habt gewonnen
sagen die anderen besonnen
denn sie wollen keinen schlag
mit der kette
aus der wette

der fuchs kennt kein erbarmen
eben hat er entdeckt die hennen
und will sie fressen
zum essen
die hennen rennen um ihr leben
denn soeben
hat er eine erwischt

ich bin durch den wind
geschwind geschwind
was soll ich auch machen
bei solchen sachen?
soll ich lesen
oder mit dem besen
reiten über feld und wald?
also bis bald

eine haustür
ist meist geschlossen
denn wenn sie offen
kommt jeder herein
das darf doch nicht sein
drum hab ich zwei schlösser mehr
da fällts einbrechern schwer

möchte tanzen
einen reigen
aber mit schweigen
ganz einfach so

zwei wild gewordene katzen
mit ihren scharfen tatzen
sind am raufen
für einen guten zweck
sie kämpfen im versteck
die anderen schauen zu
denn sie sammeln im nu
viel heu zusammen
für die wilden armen katzen
mit wunden tatzen
vor lauter kratzen

ich lasse warten
die mädchen im garten
um ihnen zu sagen
mein unbehagen
zu gehen in den ausgang
mit ihrem „aushang"
das wäre mir zu heiss
und das weiss
ein jedes der mädchen
aus dem städtchen

was soll es tun
das arme huhn?
hat seine küken verloren
doch ihnen gehören
auch ohne geld
die ganze welt

wenn der wind bläst um die ecken
und stein und bein ist gefroren
will ich „ums verrecken"
ein loch in den boden bohren
dochs geht nicht weit
weil weit und breit
alles ist gefroren

die mäuse die schlauen
gehen schauen
wo der käse ist versteckt
„au verreckt"
auf dem tisch steht er
unter einer glocke
sehr
gut abgedeckt
doch die mäuse sind aufgeweckt
auf den tisch klettern sie
und drücken mit nie
dagewesenen kräften und einer socke
weg die glocke
jetzt ist der weg
zum käse frei
ei ei ei

um zu fahren rennen
muss man können
den sport sehr gut
und ihn auch kennen
s braucht auch mut
die strasse runter zu brausen
und den berg hinauf zu sausen
und oben müde anzukommen
und werden in den arm genommen
wenn du der sieger bist
doch sonst gibts fast nichts

siebenhundert gramm
„Nozinan"
hauen mich leider nicht um
doch möchte ich schlafen drum
auch am tage
damit ich kann vergessen
meine scheisslage
und meine gedanken dazu

will über das meer
mit einem boot
da gerate ich in not
ruf hilfe laut
doch hören
mich nur die möwen
die mich begleiten
auf meiner weiten
fahrt nach nirgendwo

wir fahren ski
„das fahrt ii"
kalte füsse kriegen wir
ach das ist dumm von mir
kehren ein
und trinken wein
bleiben in der „beiz" sitzen
und fangen an zu schwitzen
wollen nicht mehr raus
das ist ein garaus

da kommt ihm ganz verwegen
ein gnu entgegen
und das fragt willst du mit mir gehn?
denn ich kann zählen bis zehn
und wenn wir haben kinderlein
sind wir nicht mehr so allein

und ganz flink
noch einen kaffee
da kommt mir eine idee
so halt ichs wieder aus
für die nächsten stunden
und ich mach daraus
ein paar runden
verse und gedichte

es tanzen die wichtel und gnome
oben ohne
das fest der liebe
da kommen diebe
und versuchen
das fest der liebe zu stören
und die wichtel und gnome
hören auf zu tanzen
und frieren an den „ranzen"

was soll es tun
das arme huhn?
hat seine küken verloren
die hier im gehege sind geboren
sie können nicht sein weit
doch jede henne ist bereit
eins ihrer küken herzugeben
dass es die henne kann hegen
und pflegen

wie soll ich das bezahlen?
kann nicht mal malen
doch kann ich schreiben
das reicht für die geigen
aber immer noch nicht
die sind so teuer
mir ist nicht mehr ganz geheuer

ich suche Gott
an jedem ort
denn er ist überall
in feld und stall
in jedem stein
das ist gemein
denn ist er drin
dann fühle ich ihn

frau Holle schüttelt
und rüttelt
an ihren kissen
und dann wissen
die leute alle
dass der schnee kommt
über berg und tale

es rennen die hennen
im gatter umher
warum rennen sie so sehr?
der fuchs streicht umher
zur ruhe mahnt der hahn
doch es hört ihm zu kein untertan

eine frau aus der Eifel
die hegt so ihre zweifel
ob sie soll kochen
die zwei knochen
welche sie gefunden hat
heute am rande der stadt

ich sitze im garten
und bin am warten
bis die blumen blühen
und ich sie kann pflücken
dazu muss ich mich „bücken"
und stell sie dann ein
das muss so sein
dann hab ich schöne blumen im haus
das ist ein richtiger augenschmaus

stundenlang streiten zwei esel
um ein weibchen so flink wie ein wiesel
doch keiner fragt das weibchen
am hellichten tag
ob es einen von ihnen mag

Lotte
die flotte
karotte
vom garten
muss warten
da kommt der wirt
und meint
die karotte
Lotte
darf leben heiter
weiter

eine ameise
geht ganz leise
über die gasse
denn sie will
niemanden wecken
weil es ist spät
und der wind weht

ein pferd das ist am hinken
„es hapert an seinen finken"
der schmied muss her
ach bitte sehr
und schmieden dem pferd ein eisen
damit es wieder kann weiterreisen

die meisen
wollen verreisen
wohin solls denn gehen?
da müssen sie gestehen
das ziel ist noch nicht klar
doch ist es wunderbar
auch wenn unklar
einfach zu verreisen
für die meisen

um die wette rülpsen
die bösen buben
in den guten stuben
da kommt die mutter
und bringt futter
jetzt tun sie fressen
statt essen
die bösen buben
und sie fressen und fressen
den bauch sich voll
bis man sie kann rugeln
und kugeln
au wie toll

der mond der scheint
vom himmel dem klaren
ein pärchen meint
s ist ganz geniert
sie können ihre wahren
gefühle nicht zeigen
weil der mond scheint
zwischen den zweigen

ich bin geboren
und gehe verloren
hab nur fremde eltern
weiss nicht wo ich gehöre hin
drum hat das leben keinen sinn

die sonne scheint
doch nicht bei uns
ich habs nur gemeint
über dem nebel scheint sie nur
und ich schaue auf die uhr
wie lange es geht
bis der wind den nebel wegweht

übern Rhein
das ist gemein
watscheln die enten
weil sie denken
das bessere futter
gibts bei der mutter

ich bin bereit
nach draussen zu gehen
um zu sehen
wie kalt es ist
da draussen bist
du
grad halb erfroren
drinnen komm ich mir vor
wie neugeboren

die hennen
sie rennen und laufen
wohin denn schon?
um sich lassen zu taufen
damit sie nicht mehr ein jeder isst
wenn sie getauft sind die hennen
so kann man es benennen

es nennen die hennen
ihren hahn zum untertan
die welt ist verdreht
alles geht
verkehrt
die sonne weint
der himmel scheint
die bienen brummen
die hühner summen
die kinder sind leise
auf eine weise
ganz friedlich und still

die gnome
die sind nicht ohne
reiz
wir gehen zusammen in die „beiz"
und wir bestellen einen rum
und ich sage „chumm"
trink auch einen mit mir
doch die gnome hätten lieber bier

neujahr ist ein tag
wo jeder sich mag
besinnen was kommt
und prompt
kommt es anders
als man denkt

ich hau ihm eine rüber
„über die rübe drüber"
jetzt ist er mal still
der sonst immer reden will

der kuchen
möchte fluchen
doch kann ers nicht
der arme wicht
kann nicht hören und sprechen
kann nur Gott sei ihm gepriesen
werden verspiesen

wenn die sonne scheint
habe ich gemeint
ist das wetter schön
es ist extrem
bei uns heiss
und ich weiss
s ist nicht für alle gut
wenns wetter so tut

in der suppe hocken wir
kein strahl von der sonne
scheint bei uns hier
doch wir sitzen im garten
und warten

ich lebe auf der strasse
und wohne in der gasse
das ist nicht schön
und manchmal kalt
gut bin ich schon alt
niemand tuts stören
nicht mal die „gören"
die mich lachen aus

der schnee ist weiss
und gar nicht heiss
kannst die finger nicht verbrennen
und herumrennen
mit nackten füssen
welche dich lassen grüssen

die dicken frauen
oh welch ein grauen
die testen
bademode für die „festen"
frauen

eine katze
mit ihrer tatze
will mäuse fangen
und nicht schlangen
sie liegt auf der lauer
und wird sauer
weil keine maus kommt
so prompt

ich will dir versprechen
ich tu nie mehr erbrechen
nach dem essen
und werd nichts mehr fressen
in mich hinein

gedanken die kommen
schreib ich sofort auf papier
denn so schnell sind sie fortgeschwommen
und sind nicht mehr hier

der herr mit den krücken
der möchte ein küken
um sich zu vertreiben die zeit
doch das küken ist nicht bereit
mit dem herrn zu gehen
das muss er verstehen

die frau in rot
die ist schon tot
sie ist gestorben
dabei hat sie erworben
möbel fürs heim
das kann doch nicht sein

neujahr ist vorbei
das ist mir einerlei
vorbei mit dem festen
wo die leute sind am testen
viele sorten wein
das kanns doch nicht sein

warum
ist die banane krumm?
das fragt sich jeder mensch
doch ob es die banane weiss
das ist ein thema heiss

einen block papier
den gönn ich mir
und eine feder ganz weich
das hab ich immer gleich
bei mir

wir haben uns ausgezogen
da ist alles aufgeflogen
wir waren noch klein
drum find ichs gemein
dass jeder so einen aufstand macht
wir haben uns nichts dabei gedacht

ein herr aus Mettmenstetten
hätte gerne drei betten
für seine lieben kinderlein
doch die sind ja so gemein

der bauer
wird sauer
weil auf der mauer
eine katze hockt
die richtig bockt

sie wollen fliegen
und dann betrügen
ihren mann
der nicht mehr kann
und dann verweilen
und sich nicht beeilen
von den ferien zurück
das istn stück

will nichts mehr hören
von den kleinen „gören"
sind frech wie mäuse
und haben läuse

die „tötzchen"
die staunen bauklötzchen
weil ein kind sich mag verweilen
es muss sich ja nicht beeilen
bis ein kunstwerk entsteht
und das kind wieder geht

ich muss holen
hab nichts gestohlen
ein paar „noten"
und ausgestopfte pfoten

der pfeil ist raus
es kommt daraus
ein küken so klein
ach wärs doch mein

die welt ist hell
und du bist schnell
überall und nirgends
des abends oder morgens
drum passe auf
wo du trittst drauf

wir vier
spielen klavier
melodien ganz lieblich
dann wieder ganz fröhlich
es ist herrlich
zu spielen klavier
für uns vier

ich hätt so gern ein „velo"
da könnt ich fahren nach nirgendwo
und müsste nicht schauen anderswo
wo ich könnte bleiben
und mir die zeit vertreiben

die Meiers kehren ein
das ist gemein
dieses pack
hat geld im sack
und ich bin „blank"
Gott sei nicht dank

ein kleiner ballon
der macht sich davon
zieht mit dem wind
dem himmlischen kind
weiter von dannen
über häuser und tannen
und weiter zum meer
das gefällt ihm sehr

der Freiherr von Bahlen
der wollte mal malen
einen hirsch
auf der pirsch
er legt sich hin und wartet
auf den hirsch
bei der pirsch
doch dann schläft er ein
und verpasst zu malen
den hirsch
auf der pirsch

in froher runde
zeig ich dir die wunde
vom letzten gefecht
das kam mir grad recht
hatte nichts zu tun
und wollte grad ruhn
da flogen die speere
in die meere

die kleine bohne
die ist nicht ohne
macht ärger gross
das ist nicht famos
sollte schlafen im bett
das wäre nett

ich teste die besten
mädels der welt
und das ohne geld
muss nur genug frech sein
und einschenken wein
da merkt niemand
dass ich bin „blank"

ein küken
will sich „bücken"
um einen wurm zu fressen
doch dieser ist besessen vom leben
und bettelt das küken an
friss einen anderen mann

die möwen sie fliegen
am himmel herum
streiten um jeden „brocken"
sich dumm
sie fliegen hin und fliegen her
keiner weiss darüber mehr

das huhn
hat nichts zu tun
scharrt mal hier und scharrt mal dort
immer wieder an einem anderen ort
möchte was machen
doch weiss es keine sachen
was es könnte tun
das huhn

der herr mit der torte
der brummelt worte
vor sich hin
die geben keinen sinn
er will die torte schenken
zum gedenken
an seinen toten freund

frau Holle
die olle
soll schütteln die decken
dass fliegen die flocken
auf die erde nieder
und wir können wieder
die schlitten holen
und wir johlen
auf der fahrt nach unten
die landet grad in einem „gunten"

der mond scheint rund
welch frohe kund
vom himmel herunter
und ich steh darunter
und lass mich bescheinen
ihr müsst nicht meinen
dass ich mich verbrennen tu
das geht nicht so im nu

ich möchte gerne
in der ferne
haben ein häuschen
kann dort machen ein päuschen
und niemand tuts stören
nicht mal die „möhren"
die wachsen im boden
ich muss sie loben
so zahlreich und schön

wir gehen
und es wehen
die blätter von den bäumen
da fang ich an zu träumen
von der südsee
dem weiten strand
und dem weissen sand
ja das riecht nach „no mee"
und ich geh

die kokosnuss
die blöde nuss
fällt vom baume runter
und ich lieg drunter
mir auf den kopf
und das gibt „gopf"
eine grosse beule
und ich heule

die sauen
die schauen
verdutzt übern „haag"
was die denn da drüben wohl machen mag?
mir gehts ganz jämmerlich
denn am jäten bin ich
und alles tut mir weh
o jeh o jeh

meine wege
führn über viele stege
und strässchen so steinig
ich bin mit mir einig
nicht leicht ist mein weg
und führt er auch über manchen steg
doch ich geh ihn weiter
nicht immer froh und heiter
meinen weg

die nacht ist dunkel
wenn der mond nicht scheint
und der nachbar meint
so im dunkeln
funkeln
die sterne nicht
und er macht licht

der olle hahn
der Silberzahn
hat viele hennen
die ihn kennen
eine brütet aus ein hähnchen
ein kleines Silberzähnchen

die bären sind los
famos famos
wir lassen sie zum fluss
dort gibts lachse im überfluss
und das ganz ohne verdruss

ich horte
meine torte
zu den leeren schachteln
dort drin sind wachteln

Klaus
die laus
kommt nicht mehr draus
denn flöhe und wanzen
sind zusammen am tanzen

am weiher
brüten die enten die eier
und warten bis sie schlüpfen
die jungen küken
dann tu ich mich grad „bücken"

der hahn der tropft
der mensch der klopft
das fleisch flach
unter seinem dach

die doofen hennen
sind am herum rennen
und alle sind am warten
im garten
auf den hahn
Silberzahn

die bienen haben
waben
für den honig den süssen
und sie tun es nicht begrüssen
wenn wir ihn holen
denn das ist gestohlen

das mäuschen
macht ein päuschen
vom vielen graben
ist es ganz erschlagen
muss liegen an die sonne
voller wonne
das gibt wieder kraft
und nachher macht
das mäuschen weiter
und baut sogar ne leiter

zum geburtstag wünsch ich dir
dasselbe wie du auch mir
herzenswärme glück und segen
und manchmal auch ein bisschen regen
dass viele träume sich mögen erfüllen
und dich zufriedenheit mag erfüllen

dein weg ist nicht leicht
drum hast du vielleicht
davor so angst
und du bangst
dem nächsten tag entgegen
wo du vielleicht einmal verwegen
ganz neue wege gehst

sie ist besessen
vom essen
und frisst in sich hinein
aber nein
alles was sie finden kann
sie ist doch kein mann
die essen mehr
bitte sehr

es schauen
die schlauen
füchse daher
ein loch zu graben
das ist schwer
und es belastet sie sehr
doch nicht verzagen
es geht vorwärts mit graben

das käferlein
hat ein heim
hat ein „bettelein"
und das ist sein

fürs bübchen
ein rübchen
fürs mädchen
ein rädchen
vom rübchen

die kirschen die süssen
wollen dich begrüssen
und dir erzählen
dass sie für dich auswählen
welche du darfst essen

die elfen tanzen einen reigen
ehrfürchtiges schweigen
in der runde
und mit froher kunde
erzählen sie es weiter
und sind dabei heiter

es tut mir leid
weisst du bescheid
wo die toten liegen?
denn man will uns betrügen
und uns zeigen einen ort
der liegt viel zu weit fort

die bienen summen
die hummeln brummen
hinein in den schönen tag
doch ich mag
weder ihr gesumme
noch ihr gebrumme

eine reise
mit der meise
mach ich gern
wir fliegen fern
von zu hause weg
an einen anderen ort
dort
wo es mir gefällt
und der mond den himmel erhellt

die ameisen
die weisen
dem verkehr den weg
über einen schmalen steg
fällt eine runter
werden sie munter
und holen sie rauf
so ist der verlauf
der geschichte
die meine nichte
gedichtet hat

wintertag
allein ich mag
nichts mehr tun
nur ruhn

und die wollen brüten
und seine eier hüten
die hennen vom hof
doch da wohnt ein „goof"
der stiehlt eier
und das sieht frau Meier
und „klatscht dem goof eine"
du weisst was ich meine

es tanzen
die wanzen
mit „bluttem ranzen"
einen tango
und einer sagt
„gang go"
holen einen salat
und etwas zum trinken
denn die einen hinken
schon umher
das ist nicht schwer

die kleinen
sie meinen
gross zu sein
doch wenn sie sind allein
fangen sie an zu weinen
die kleinen

ob sie fallen oder nicht
das weiss nur der kleine wicht
doch ist das egal
denn es war einmal
so beginnt die geschichte
welche ich heute dichte

die kleinen leute
von heute
müssen sich wehren
um können zu verzehren
das halbe rind
das ist dann „gschwind"
gegessen

die schotten
die flotten
haben röcke an
und nichts darunter
„das nimmt mich wunder"
obs wirklich so ist
das wäre au wei
eine sauerei

es schweissen
die heissen
männer vom bau
zusammen die eisen
mit ihrem oberkörper so braun
gefallen sie allen fraun

der geier
holt die eier
aus dem stall
auf jeden fall
heisst es so
und die hühner sind nicht froh
sie wollen brüten
und hüten
ihre eier
wie frau Meier

der mond hängt am himmel
und am kirchturm eine bimmel
die bimmelt hin und her
will sagen bitte sehr
kommt her in die kapelle
tretet doch über die schwelle
dann kommt das helle
licht

sie reiten
wie wenn sie gleiten
dahin auf ihren pferden
und sie werden
ganz hungrig sein
so allein
auf weiter flur
und ich sag dir nur
auf weiter flur
siehst du hasen
die grasen
nämlich nicht

die hühner sie rennen
es gackern die hennen
hahn Silberzahn
hat grössenwahn

ich will
zu Bill
denn der hat kohlen
und wir holen
eine flasche bier
die trinken wir

die küken
sie pflücken
die beeren vom baum
das machen sie im traum

wir kaufen
und laufen
in der stadt herum
weisst du warum?
wir suchen
ein paar buchen

es gibt sie
ich weiss es
nur siehst du sie nie
die wichtel und feen
denn sie tanzen über den seen

die bienen und mücken
die stechen mit entzücken
mensch und tier
das glaube mir

es gleiten
in den weiten
lüften dahin
das gibt keinen sinn
drum höre ich zu dichten auf
und lege mich drauf
aufs ohr

das ist gemein
doch so soll es ja sein
das ist der lauf der natur
das glaube mir nur

es blühen die bäume
die stehn hinter einem zaune
sie blühn friedlich vor sich hin
doch das hat seinen sinn
die bienen kommen
und haben genommen
mit verlaub
den blütenstaub

62 jahre bin ich schon
auf dieser welt
und meist ohne geld
solls mich betrüben?
dann müsste ich lügen
und das mag ich nicht
bin trotz allem nicht
ein armer wicht

es weiden die kühe
und ich habe mühe
zu verstehen das
denn da steht ein fass
voll mit ihrem frass

frau Meier
kauft eier
für sieben franken
dann geht sie tanken
den wagen voll
das ist doch toll

die äpfel am baume
sind in bester laune
ob sie fallen oder nicht
das weiss nur der kleine wicht

es hüten
die brüten-
den
hühner den stall
hier und überall

ich steh unter der brause
bei mir zu hause
und dusche mich
ach hätt ich dich
doch mitgenommen
denn ich seh alles verschwommen

es eilen
die geilen
männer vom bau
ein jeder mit einer frau
zu sich nach hause
zu einer „sause"?

der kleine hund
ist nicht gesund
er hat fieber
darum ist mir lieber
wenn er bleibt zu haus

ich bin auf der pirsch
nach einem hirsch
ein solcher braten
würd mir schon geraten
ich „hau" ihn in die pfanne
und geb zu essen meinem manne

ich wollte
nein ich sollte
mehr für mich schauen
und bauen
an meiner zukunft
und das mit vernunft

das gestirn
hat ein hirn
ein wirklich grosses
und so muss es
viel überlegen
eben

der arme wicht
er hat gicht
das tut ihm weh
o jeh o jeh

das ist ein drill
o nein ich will
fliehen von dannen
wo die wackeren mannen
stehen wache
was für eine dumme sache

der herr mit der melone
der geht nie ohne
aus dem haus
dieser „chlaus"

der Rainer
ist schon einer
liegt auf der faulen haut
dass er sich das getraut
und das vermag
den ganzen tag?

gehts mit mir in die tiefe
dann krieg ich nasse füsse
und eine nase platt
das habe ich jetzt satt

die menschen sind verlogen
ich fühle mich betrogen
weil mir jemand hat gestohlen
ein paar sohlen

das pack
will einen „sack"
für seine sachen
was wolln die damit machen?

es läuten vom turme die glocken
ich bin noch in den socken
muss zur kirche gehn
„da hilft kein jammern und wehn"
freu mich bis sie dann ist aus
denn dann gibts zu haus nen schmaus
hab gebraten einen fisch
der kommt dann auf den tisch

was soll ich auch machen
mit solchen sachen
die mir nicht gelingen
wo kann ich sie hinbringen?

ich suche
im buche
einen text
es ist wie verhext
kann ihn nicht finden
und es winden
schon das efeu sich
um mich

möchte gerne haben
ein paar raben
die fressen fleisch und körner
haben aber keine hörner
dafür einen spitzen schnabel
wie bei einer gabel

habe gefunden
nach langen stunden
ein straussenei
hei ei ei

ein hund
na und
der beisst
das heisst
nicht immer
doch wenn es wird schlimmer
muss man ihn schläfern ein
das ist gemein

der grosse riese
isst kein gemüse
mag fleisch viel lieber
darum klettert er rüber
übern zaun
und holt sich ein aas
das gibt nen frass

der schäfer
ist ein siebenschläfer
schläft den ganzen tag
weil er nicht mag
hüten seine schafe
dafür muss er zur strafe
einmal bleiben wach
ach

die vögel füttern ihre brut
und ich hab eine wut
im bauch
du vielleicht auch

ich möchte dich lieben
und möchte dich wiegen
in den schlaf
da siehst du ein schaf
es gehört dem graf
der neben uns wohnt
und uns verschont
mit dummen sprüchen
welche man hört in den küchen
von den „beizen"
und die reizen
alles aus
es ist ein graus

immer leiser
da ich heiser
wird meine stimme
es ist schlimme
kann nicht sprechen
muss fast erbrechen

ich muss mich beeilen
kann nicht verweilen
am schönen see
das tut mir weh

des fischers Fritz
ja sie das „gits"
fischt keine fische
kommen auch nicht auf die tische
verhungern müssen wir nun bald
das ist der trübe sachverhalt

diese schurken
stehlen gurken
aus dem garten
ich will warten
bis sie kommen
und ich ganz benommen
sie zur rede stelle
so auf die schnelle

der blitz
das „gits"
schlägt ein
wie gemein

der mond der scheint so helle
ich such in blitzesschnelle
meine klamotten
zusammen
um dann von dannen
zu gehn
und es wehn
leichte lüfte
und bringen feine düfte

ich will gedichte lesen
und das auf einem besen
sitzend
und schwitzend
dabei fliegen über land
und unter mir der strand
und in den haaren der wind
das himmlische kind

auf der strasse
neben der gasse
liegt ein hund
na und?

die buben
die „seichen"
an die alten
eichen

die füsschen
die senden ein grüsschen
vom schönen strändchen
mit weissem sändchen

das heer
mit gewehr
bei fuss
so ein stuss

die Lotte
die flotte
hat beine so lang
und einen schönen gang
das macht die männer an

die ollen
sie tollen
herum
wie dumm

der storch
horch
sitzt auf dem dach
ach

der „zug" macht eine pause
und ich bin ein banause
wegen trunkenheit am steuer
das ist mir nicht mehr ganz geheuer
fahr ich mit der eisenbahn
von jetzt bis irgendwann

die zauberei
bringt hervor ein ei
gehört es einem huhn
was ist dann zu tun?
muss suchen das huhn

in meinem traum
seh ich einen baum
ein einhorn daneben
und mir ist eben
ich sehe noch feen
über den seen

es spriessen die bäume
es wachsen die träume
nach der liebe
doch es gibt hiebe
weil wir noch zu jung sind
noch fast ein kind

wir machen eine „sause"
und du bist ein banause
weil du nichts magst trinken
du in deinen „finken"
du bleibst nüchtern
aber schüchtern

die sonne brennt
vom himmel heiss
und es rinnt
vermehrt der schweiss
wir werden braun
s ist wie ein traum
und alle barbaren
sehn dass wir waren
in ländern fern
dahin geh ich gern

die schotten
haben motten
an den röcken
mit zöpfen
jetzt ziehn sie hosen an
wie jedermann

der „zug" fährt ab
ich muss aufs grab
die blumen tränken
und ihnen schenken
ein bisschen zeit
von der mir noch so wenig bleibt

Rainer
ist ein gemeiner
dieb
und du hast ihn lieb
doch daraus wird wohl nichts
denn Rainer ist ein taugenichts

wir gehen schwimmen
und es erklimmen
die mutigen buben
den felsen dort „druben"
wenn sie sind oben
werden wir sie loben

ich gehe über die gasse
bis zur nächsten strasse
dort bellt mein hund
na und?

sie kreiden mir an
ich hätte dann
am freitag gestohlen
das find ich unverholen

ich muss holen
ganz verstohlen
im hotel nebenan
beim empfang
kondome
weils nicht geht ohne

in des tigers klauen
möcht ich nicht sein
so ganz allein
denn er hat mich zum fressen gern
darum bleib ich ihm lieber fern

wir behalten
die alten
schweine vom stall
die sind überall
am graben
und suchen nach Raben

die wanzen
wollen tanzen
zu meinem entzücken
können sie niemanden erdrücken
sie sind zu klein
und das ist fein

möchte schreiben ein gedicht
an den kleinen wicht
der mir zur seite steht
wenns mir nicht so gut geht
und mir hilft in vielen lagen
ohne viel zu fragen
er ist ein freund geworden
drum mach ich mir keine sorgen
was morgen wird sein
denn er hilft mir ganz allein

die rehe im wald
die zittern bald
bei dieser kälte
und in bälde
brauchen sie heu
das ist nicht neu

die katze
hat in ihrer tatze
eine maus
o welch graus

ich muss warten
in nachbars garten
bis reif sind die bohnen
denn wir wohnen
in einem haus ohne garten
darum muss ich warten

ich kaufe papier
das schenke ich dir
damit du mir kannst schreiben
dass du mich magst leiden
dass du mich hast gern
auch wenn du bist fern

die hexen
die mixen
einen cocktail für mich
jetzt fragt es sich
will ich den trinken
um nachher auch können reiten?
doch du musst mich begleiten
und ich schwing mich auf den besen
in der lauen sommernacht
von zehn bis acht
so das wärs gewesen

ich spiele einmal lotto
nur un poco
warte auf den gewinn
das wäre gar nicht schlimm
würde dann wandern
von einer stadt zur andern
und geniessen das leben
in vollen zügen eben

die bonzen
haben einen „ranzen"
doch das stört sie nicht
das ist für sie pflicht
das gibt keine gicht
hört man sie sagen
wenn man tut fragen

die katze ist am mausen
und wir sind am sausen
den berg hinab
auf unserem rad
und unten angekommen
werden wir vernommen
von der polizei
weil wir waren zu schnell
gell

es hängen die trauben
man möchte glauben
in den himmel hinein
aber nein
das kann doch nicht sein
sie hängen an stauden
du wirst es mir glauben
wenn ichs dir sage
gibts keine frage

hab eine schlange erwischt
die zischt
furchtbar böse
und ich löse
meinen griff
und sie windet sich
ganz leise mein ich
von dannen
runter zu den tannen

die motte die flotte
sucht eine karotte
und wird fündig
und frisst stündig
davon eine scheibe
den rest reibe
ich
für dich

gib mir zwanzig franken
zum tanken
dann fahren wir
weg von hier
an einen schöneren ort
wenn wir sind dort
gehen wir shoppen
und dann „poppen"

noten will ich suchen
dabei stoss ich auf einen kuchen
frisch und fein
den „hau ich mir rein"
ohne zu fragen
und ohne zu zagen
ess ich ihn auf
er ist ein schmaus

einen brief zu senden
und dabei verwenden
schönes papier
das wünsche ich mir
und schreiben meinem schatz
du mich hats
vollkommen erwischt

die Karoline die süsse
will keine küsse
verteilen
und darum eilen
die „buben" davon

der gärtner
und der pförtner
kriegen sich in die haare
da sieht man das wahre
ich der beiden
ich tu sie nicht beneiden

ich bin verloren
um neu geboren
zu werden
hier auf erden

die mannen
wie tannen
arbeiten im wald
du weisst das bald
und ihre adressen
um mit ihnen zu essen
und noch mehr
bitte sehr
das kannst du selber dir reimen
ich bleib bei dem einen

zwei esel die streiten
zwei mädchen die reiten
um den see
da sehn sie eine fee
die sagt
ihr habt drei wünsche frei
au wei
ich wünsch mir eine katze und ein huhn
das gibt nichts zu tun
und einen hahn dazu
dann hab ich meine ruh
ich wünsch mir eine ratte und eine maus
die kann ich zu haus
rumspringen lassen
und eine katze
die kann beide dann hassen
und haun mit der tatze

ein pferd
auf einem herd
das kann nicht sein
drum hör ich auf
mit meinem reim

eisblumen die blühen im garten
und ich tu warten
bis es wird wärmer
dann werden sie ärmer
bis sie verschwinden
und das unter den linden

das schwein das schreit
der „metzger" weint
es tut erbrechen
dabei will er es erstechen
es tut ihm leid
der arme „chaib"

ich suche noten
das ist verboten
bei mir zu haus
das wundert sogar die maus

auf schusters rappen
möchte ich tappen
von hier nach dort
in einen fremden ort
wos gibt burschen viel
und ich hab das gefühl
die warten alle auf mich
um mir zu sagen ich liebe dich

das kindelein im stalle
rundum beten alle
liegt auf dem stroh
und ist dabei froh

der hahn
hat einen hohlen zahn
der tut ihm weh
oh jeh oh jeh
warum denn das?
denn hähne
haben keine zähne

es blühen die rosen im garten
und ich muss warten
auf dich
doch das mach ich gerne
du bist ja nicht in der ferne
du bist nur im haus
und darum halt ichs aus
ich freue mich auf dich
ich hoffe du dich auch auf mich

der sir mit der melone
ist ganz ohne
geld
so wie es ihm gefällt
schläft unter brücken
das könnt mich nicht entzücken
und klaut sich sein brot
dass er nicht kommt in not

das kaninchen
und das bienchen
wollen zusammen bleiben
doch alle reiben
sich die augen
ein solches pärchen
gibts sonst nur im märchen

ein pärchen
wie im märchen
geht spazieren
und flanieren
dem see entlang
da wird mir angst und bang
dass sie nicht fallen in den seetang

der mond scheint hell
und ich bin schnell
von zu hause weg
lauf über einen steg
zu meinem liebsten schatz
und dabei hats
mücken die stechen
welch ein verbrechen
müssen uns wehren
und uns belehren
dass bei nacht am see
niemand sagt juhee

die feuerwehr
die gibts nicht mehr
muss keinen brand mehr löschen
„den einzigen brand dens noch gibt hier
den lösch ich selber mir"

es blühen die wiesen
und ich gehe „kiesen"
hab zuviel gegessen
und das essen
möcht gehen von mir
darum rat ich dir
iss nie zuviel
das ist ein schlechtes spiel

ein neues bett das brauche ich
denn ich weiss ich liebe dich
über alle massen
über alle klassen
für immer und ewig
deine Hedwig

du hast nachgelassen
und nicht mehr alle tassen
im schrank
doch Gott sei dank
kannst du leben daheim
und bist nicht allein

ich muss warten
in nachbars garten
auf die „buben
die struben"
wollen gehen auf die gasse
und essen ein „glacé"
und spielen fussball
das können sie überall

ausgelaugt bin ich für heut
hab geschrieben viel
das war mein ziel
doch jetzt wird es auch langsam zeit
zu gehn ins bett
mit Adelheid
die ist zwar fett
doch ists egal
wir schauen mal

die alten
die halten
zusammen
warum?
weil sie nicht sind dumm

deinen kuchen
möcht ich versuchen
nur ein stück
das wär mein glück
doch du bleibst hart
das ist sonst nicht deine art

die ziege hat ein blümchen
zum fressen gern
darum hält sie sich fern
vom blümchen

der kühlschrank ist voll
das ist toll
kann daraus essen
und dabei vergessen
meinen kummer
drum nehm ich nen hummer
und esse ihn auf
jetzt bin ich schon besser drauf

ich weiss jetzt wer ich bin
und das ist gar nicht schlimm
möcht dir verraten
welche taten
ich hab schon vollbracht

ruf mich an
denn du bist ein einsamer mann
hast keine verwandten
nicht mal tanten
mit denen du könntest weihnachten feiern
drum komm zu mir nach Bayern

die hennen sie tanzen
die hunde sie „schwanzen"
übern hof
so doof

spielen möchte ich
drum frag ich dich
machst du mit
diesen schritt
und machst mit mir ein spiel
oder verlange ich zuviel?

ich bin eine
wie keine
getanzt hab ich zu lange
mir wurde angst und bange

dank meiner krankheit
kann ich schreiben
drum möchte ich bleiben
ewig krank
doch Gott sei dank
liegts nicht in meiner hand

sieben rosen schenk ich dir
eine davon klau ich mir
um sie zu stellen in wasser
da kommt ein herr ach sir
wollen sie mir helfen?
und es gucken zu die elfen

die diebe will ich schnappen mir
krieg ich hilfe auch von dir?
um sie einzusperren
bei den herren
vom amt
das wäre galant

ein hirsch
ist auf der pirsch
das ist verkehrte welt
so wie sie mir gefällt

die kleine liest
und es spriesst
der holunder
es geht drüber und drunter
und „es nimmt mich wunder"
wies weiter geht
was hier noch so steht

ich sitze allein
bei einem glas wein
wills nicht verstehen
dass du musst gehen
es wäre schön gewesen
zusammen zu lesen
zusammen zu lachen
und sachen machen
die lustig sind
doch du gehst geschwind

die hexen auf ihren besen
die wollen lesen
meine gedichte
und sie zaubern im nu
noch welche dazu

es üben
im trüben
die fische
im teich
wo ist mein laich?

die kassen die fallen
die türen die knallen
ein chaos total
hier und überall

genug für heute
liebe leute
habe viel geschrieben
doch was ist mir geblieben?
ein paar seiten mit gedichten
und geschichten

ich habe ziele
und gefühle
will können schreiben
und spielen klavier
das wünsche ich mir

ich bin fit und munter
und alles geht drüber und drunter
weil ein kleines kind
es ist geschwind
alles räumt aus
es ist ein graus

komm sag es mir
krieg ich nochmals hilfe von dir?
um einzulochen
die schäbigen knochen
von dieben
doch wo sind sie geblieben?

ich will schlafen
da kommen die pfaffen
wolln mich belehren
und mich bekehren
in die kirche zu gehen
wann soll das geschehen?

ich möchte bleiben
und dir schreiben
ein gedicht so schön
und es bläst der föhn
und niemand deine tränen sieht
ja es stimmt ich hab dich lieb

ich will öffnen eine tube
das ist ganz ne „strube"
stellt sich quer
wo kommt das her?

ich schenk mir ein
ein glas wein
da kommen die finken
wolln auch was trinken
sie haben durst
doch das ist mir „wurscht"

der sommer
bringt blitz und donner
doch das wetter lädt ein
zu einem bad im Rhein

mir gehts nicht gut
wie gut das tut
wenn du eine weile
bei mir kannst sein
ich hab keine eile
und trinken wein
so schön kann es sein

der winter ist ein stolzer mann
der alles zugefrieren kann
dann können wir laufen auf dem eis
ja das wird heiss

die wölfe heulen
die katzen und eulen
stimmen mit ein
muss das so sein?

brauche einen starken mann
der mir die dosen öffnen kann
bin dazu zu schwach
ach
ist doch egal
vielleicht ein andermal

unter dem baume
bei guter laune
ess ich eine wurst
dann habe ich durst
hol mir ein bier
schenk ein es mir
da kommt geflogen eine biene
eine ganz kühne
und setzt sich aufs bier
und glaube mir
sie ist ertrunken
im bier

die korken knallen
und die mädchen schallen
vor lauter lachen
doch jetzt müssen sie „bachen"
einen kuchen
von dem will ich dann auch versuchen

es rennen
die hennen
im gatter herum
warum?

die affen
sie gaffen
rein überall
in haus und stall
sie sind vorhanden
und sie überstanden
das gift allein
das man ihnen gibt mit wein

die matrosen
mit ihren weissen hosen
kommen an land
hier am strand
und was machen sie?
ein mädchen suchen sie
um zu flirten mit ihm
und werden intim
die ganze nacht
bis der tag erwacht
und die matrosen
mit ihren weissen hosen
müssen vom land
und vom strand
es ruft die pflicht
mehr weiss ich nicht

der Juri schmollt
der rubel rollt
doch nicht in die tasche die seine
das ist was ich meine

der hund hat durst
und er will ne wurst
zum „metzger" geht er
und bettelt sehr
doch nichts kriegt er
der „metzger" ist zu sehr
aufgebracht
was nichts macht
denn der hund kriegt eine wurst
und etwas gegen den durst
von mir
bedanken tut er sich
und schleckt mich
dafür ab

die katzen jaulen in der nacht
bis dass der tag erwacht
kann nicht schlafen
muss zählen mit schafen
geht das so weiter
bin ich nicht mehr heiter
am nächsten tag
und ich erschlag
die katzen
mit ihren weichen tatzen

die vom hort
haben das letzte wort
ob du darfst spielen
und dabei fühlen
des lebens sinn
mehr liegt nicht drin

wir segeln
und wiegeln
auf dem wasser
bis dass der
kahn versinkt
jetzt müssen wir schwimmen
an dem schlimmen
seegras vorbei
und jetzt wollen wir nur noch „hai"

wir gehn „schlitteln"
das tut rütteln
der „arsch" tut weh
herrjemineh
doch es ist schön
so „schlitteln" zu gehn

am frühen morgen
plagen mich schon die sorgen
hab kein geld
für diese welt
bin allein
muss das so sein?
möchte auch lachen
und witze machen
doch nichts geht mehr
es ist zu schwer

bin zu schwach dazu
versuch es aber im nu
zu öffnen die dose
nein nicht die hose
doch es geht nicht
ich armer wicht
hab keine kraft
und keinen saft

es festen
die besten
hühner vom stall
hier und überall
das trägt hinaus
der wind der „chlaus"
dass alle hühner es wissen
wo sie gut können fressen
und kommen zu hauf
hoffentlich geht die rechnung auf

der hahn
Silberzahn
rennt allen davon
warum denn schon?
will würmer die besten
und sie brauchen zum festen
und die hennen sie warten
in nachbars garten

es waren einmal drei schafe
die weckte ich im schlafe
sie schauen dumm
warum?

es schalten
und walten
mit händen so kalten
die alten
und halten
den tee in der hand
und verschütten ihn bei der wand

ich renne nach einer idee
trink nachher einen kaffee
und ganz flink
noch einen energy drink

ich finds echt toll
dass du bist „voll"
für nichts kann man dich mehr brauchen
du könntest dir auch noch verstauchen
deinen fuss
das wär dann die wende
denn es nimmt kein ende

es stört mich das gejaule der hunde
die mit froher kunde
sich melden im revier
das glaube mir

rote rosen schenk ich dir
und glaube mir
ich will von dir
nichts als ein wenig zärtlichkeit
für all die zeit
wo ich weg bin von hier
und nicht bei dir

musik spiel ich so gerne
auch wenn ich in weiter ferne
muss weilen
will ich mich beeilen
nach hause zu kommen
um mit wonnen
zu spielen klavier
für alle hier
das glaube mir

das meer!
komm her
und schaus dir an
einmal wenn ich kann
fahr ich hinaus
und komm nie mehr nach haus

oh glaube mir
ich danke dir
für die roten rosen
und die schönen hosen
ich werd sie tragen
muss niemanden fragen
zu einem fest
als test

wer tut mir helfen
mit den elchen?
die äsen im garten
kann nicht mehr länger warten
sonst hab ich im garten
gar kein gras mehr
und das wäre sehr
schade um die reben
die dort eben
auch gefressen werden
von den grossen herden

ich fahre übers meer
nun gib doch her
meinen pass
dass
ich kann nach Amerika
und ich bin nicht mehr da
ich freu mich auf die reise
doch du findest es scheisse

ich brauche einen mann
der noch was kann
und nicht einen waschlappen
der nur kann tappen
ums haus herum
das wäre mir zu dumm

mein hund
hat keinen grund
zu jaulen
du musst ihn nur kraulen
am hals
das ist alls
das hat er gerne
dann bellt er nur noch aus der ferne

wir alten
halten
zusammen
wenn die jungen wollen
und nicht sollen
etwas tun
also lasst uns ruhn

frau Meier
holt eier
die herr Meier
verdrückt
er ist entzückt
und das ohne worte
er ist von der sorte
die nur wenig spricht
denn er hat gicht

möchte dir danken
für die paar franken
welche du mir hast gegeben
um eben
einen wein zu kaufen
und den saufen
wir gemeinsam
dann bin ich nicht so einsam
auf dieser welt
so ohne geld

das spiel ohne worte
ist für die von der sorte
die nicht sprechen mag
dafür jeden tag
briefe schreibt
und das übertreibt
jeden tag ein paar
das gibt viele im jahr

und zum schluss
ganz ohne verdruss
möchte ich schreiben
dass ich will bleiben
auf dieser welt
wenn auch ohne geld

es schrillt der wecker
bei Boris Becker
was soll er tun?
aufstehn nun

ich schenk dir eine torte
und das ohne worte
doch mit einem brief
indem ich mich berief
ich bin von der sorte
die nur wenig spricht worte

es blühen die bäume
und stehn nur herum
und um sie die zäune
denn der bauer ist nicht dumm
wegen der kühe
die mit viel mühe
wollen fressen von den bäumen
darum muss man sie einzäunen

der gärtner
und der pförtner
stehen herum wem gehört er
der ball im garten?
und die buben müssen warten
bis sie wieder kriegen den ball
es ist wie überall

gehe ich unter
bleibe ich munter
denn unter wasser
ja sir
fühle ich mich wohl
ohne kohl

die esel die dummen
lachen über die krummen
gestalten wie wir
dabei glaube mir
sind wir klüger
und setzen uns drüber
hinweg

drei schafe schlafen
unten am hafen
ich will sie wecken
doch „ums verrecken"
bleiben sie liegen
mit brechen und biegen
denn ein schiff kommt daher
darum müssen sie bitte sehr
vom hafen verschwinden
und gehen unter die linden

ich spiele klavier
und du trinkst ein bier
welches ich schenke dir

die menschen sie rücken
zu meinem entzücken
näher zusammen
amen
das gibt wärmer
weil sie sind ärmer
als vor einem jahr
und das ist wahr

es hat mich „gelitzt"
und schon hats geblitzt
an der ampel
ich bin doch kein hampel-
mann
das lass ich mir nicht bieten
muss gehen und behüten
meinen mann
und was dann?

heut hab ich mühe mit dem dichten
denn ich hab noch andere pflichten
ich muss noch üben am klavier
nachmittags um vier
muss noch kochen
für die wochen
wo ich weg bin
das macht sinn

einfach so
von irgendwo
kommen die gnome
und meine hormone
steigen dabei an
denn irgendwann
will ich mich ihnen zeigen
und mich vor ihnen verneigen

das huhn legt keine eier
was macht denn jetzt frau Meier?
will backen kuchen
doch muss sie zuerst suchen
andere eier
die frau Meier

ich möchte dichten
und dabei schlichten
einen streit
denn das geht zu weit

um die „beizen"
zu heizen
braucht es holz
ich bin ganz stolz
welches zu hacken
und dabei packen
richtig zu
im nu
hab ich gespalten
das holz
und darauf bin ich stolz

wir essen gern
doch bleibt fern
die tante
eine verwandte
sie isst lieber allein
das ist gemein

eine rakete
frisst „rote bete"
weisst du warum?
sie ist nicht dumm
will was tun für die umwelt
und hat nur wenig geld

im schlafe
zähle ich schafe
hab ne ganze herde
und ich werde
sie verkaufen
für einen haufen
geld

am bahngeleise
kommt eine meise
und will mir sagen
wie schön wir es haben
die meise möchte bleiben
und sich die zeit vertreiben
ich sage ja dazu
denn im nu
sind wir freunde

kannns mir nicht leisten
krank zu werden
hier auf erden
muss bleiben fit
denn ich kann mit
zum fahren ski
das war ich noch nie

am leben häng ich nicht
ich bin ein armer wicht
ists vorbei
ists mir einerlei

einen kleinen
Knaben
möchte ich haben
wieso verzagen?
es braucht seine zeit
bis es ist soweit

ich will brillieren
und jubilieren
an einem konzert für klavier
das wünsche ich mir

eine ziege
die meckert
ein huhn das gackert
und legt eier
für frau Meier
die will backen eine omelette
für Babette

zwei dohlen
wollen
etwas holen
ein glänzendes stück
das kommt nie mehr zurück

der alte wicht
der hat gicht
er muss zum arzt
doch der scherzt
wo tuts denn weh
oh je oh je

die ameisen die tollen
die sind am grollen
weg ist die königin
die zu beginn
regiert hat
den staat

die dohle
„tanzt ne gute sohle"
auf dem parkett
im quartett

abgeben einfach irgendwo
bei Friedlis oder so
meine katze
mit der weichen tatze
ist fortgelaufen
will keine neue kaufen
ich kann sie immer noch ersaufen
wenn sie mir lästig wird

hab die hosen voll
ist ja toll
mir ward angst und bange
aber gar nicht lange
doch ists passiert
und es geniert
mich garantiert
ungemein

es ist gemein
so alt zu sein
kannst nichts mehr machen
keine guten sachen
hockst daheim
meistens allein
am ofen zu
in aller ruh

so hab ich mir die welt
nicht vorgestellt
nicht mit kriegen
und besiegen
andrer menschen
drum tu ich mir wünschen
dass irgendwas
erhellt die welt
so hab ich es mir vorgestellt

der herr aus Frankreich
der ist ganz reich
hat eine grosse villa
wo es ist still da
hat einen grossen „schlitten"
den er will vermieten
hat zwei frauen
die ihn bauen
immer wieder auf

die „buben" die dummen
haben nur die krummen
sachen im kopf
„gopf"

ich möchte lachen
und „saich" machen
jeden tag
soviel ich mag

die mücken
sie zücken
ihren stachel
achtmal
haben sie mich gestochen
wie wenn ich hätt etwas verbrochen

ein kleiner
Heiner
der sucht nach einer
so klein wie keiner
und er sagt da zu meiner
und nicht seiner
das verwirrt
oder irrt
es mich?

Denise
die hat eine „friise"
ganz cool und poppig
doch die rechnung war happig
für so viel stylen
jetzt muss sie sich beeilen
und schauen dass sie das richtige „tram" nimmt
das sie sicher nach haus bringt

morgens um vier
da wünsche ich dir
eine gute nacht
das tagwerk ist vollbracht

wir mussten „krampfen"
und die trauben stampfen
in dem grossen fass
ich bin ganz nass

der riese
isst gemüse
um gross und stark zu werden
um zu bleiben der grösste auf erden

was im berichte steht
das geht
mir echt am „arsch" vorbei
mir ist es einerlei

die nummer
mit dem hummer
hat mir gefallen
drum zeig ich sie allen
die eintritt bezahlen
in der fahlen
vollmondnacht

leider
hab ich keine kleider
für das fest
nur so zum test
muss bleiben daheim
ganz allein

es knackten
die nackten
„hintern" im busch
wusch
wer ist denn dort
an diesem ort?
zwei die sich lieben
und nicht betrügen

am bahngeleise
sitzt ne meise
hat nichts zu tun
was soll sie nun?
mücken fangen?
doch sie hat kein verlangen
danach
und sie sprach
wer will spielen mit mir?
dem dank ich dafür

die natur
geniess ich pur
mit baden im see
„was willsch no mee"?
und mit wandern
von einem berg zum andern
und „velo" fahren
wie die narren
so schnell

ich bin bereit
für einen streit
bin grad in form
es ist enorm
wie ich könnt streiten
und fighten
den ganzen tag
solang ich mag

ich hasse
diese tasse
weil ich sie lasse
fallen
und das krasse
an dieser tasse
ist
sie geht kaputt
jetzt habe ich schutt

„mich nimmt wunder"
was für plunder
du hier verkaufst
den du nicht mehr brauchst
eine „karrette"
für Suzette
einen eimer
für Rainer
ich staune sehr
was du alles brauchst nicht mehr

wir suchen
kuchen
hunger haben wir
das glaube mir
essen wollen wir
und ein stück geb ich dir

ein Berner
namens Werner
will in die grosse stadt
denn er hat
dort ein date
mit Kate
ins knopfloch steckt er eine blume
sie hält die blume in der hand
so treffen sie sich am strassenrand

ich bleibe zu haus
was macht das schon aus?
und schaue fern
das tu ich gern
und esse eine rübe
das verscheucht trübe
gedanken die sich festsetzen
und mich innerlich verletzen

ich schreibe
mit der reibe
auf eine scheibe
dazu bleibe
ich beileibe
nicht ganz dicht

eine kassette
für Suzette
dass sie kann tanzen
und schwanken
und singen dazu
sie lernt im nu
die tangoschritte
aber bitte
nicht mit mir

wir haben eine maus
im gartenhaus
das macht mir angst und bange
und es geht nicht lange
ist sie in der falle
die olle

ich hab gehört dass diese „knaben"
allem entsagen
was freude macht
sogar dem „znacht"

die motte
die flotte
sucht nach ner karotte
um davon zu fressen
und den rest reibe ich
an der scheibe für dich

wir fahren
und es waren
schöne zeiten
die uns begleiten

hoffentlich beisst sie nicht
sonst bin ich ein armer wicht
denn das tut weh
ohjehmineh

hätten sie mir
ein stück brot?
ich bin in not
viele kinder die sind mein
und warten daheim
doch es ist gemein
kein brot ist im haus
und das macht ihnen den garaus

du bist ein schatz
und dein freund hätte auch platz
im massenlager
wo wir spielen schlager
aus alten zeiten
um uns so vorzubereiten
auf das skirennen
wir dürfen aber ja nicht verpennen
möchte machen mit
doch ich bin nicht fit
bin eingerostet
und das kostet
mich den start

ich tu warten
im rosengarten
und meine triebe
und meine liebe
warten auf dich

es galoppieren die hengste
durch die engste
stelle im wald
und sie merken bald
dass das ist schlecht
und ich habe recht
sie spüren
ich will sie verführen
zu einem stück torte
und das ohne worte

ich hasse
darum lasse
ich die kasse
darauf die tasse
ohne klasse
sein

zwei burschen
„wurschten"
in der „metzgerei"
dann gibts eine keilerei

meine klamotten
die flotten
bitte sehr
ich brauch sie nicht mehr
ich will sterben
dann kannst du sie erben

der wecker schrillt
der nachbar grillt
schon am frühen morgen
ganz ohne sorgen
ein huhn und einen hahn
was mach ich dann?
kann nicht mehr schlafen
weil es tut machen
kikeriki

ich will auf einem besen reiten
zum zweiten
mal
ich will reiten
über weiten
und dahingleiten
über meere
und die leere
des himmels
bis zu den sternen
den fernen
das wär famos
so wäre endlich mal was los

im haus
hats eine maus
die macht mir den garaus
will sie fangen
doch ich muss langen
in ihr loch
och

auf einer mine
hockt ne biene
sie weiss
das ist heiss
zu sitzen da
sie könnte ja
machen bum
und das wär dumm

es stand ein zwerg
am berg
er wollte fahren ski
doch das tat er noch nie
er fiel auf die nase
da kam ein hase
und fragte kann ich was tun?
nun
du kannst mir aufstehen helfen
denn ich muss noch zu den elfen

nichts mehr
bitte sehr
möchte ich bestellen
ich muss auf die schnellen
„velofahrer" warten
die in unserem garten
gestartet sind
und das noch blind

Déby spielt schon gut klavier
das glaube mir
sie haut rein in die tasten
und ich muss fasten
leider immer noch
da bleib ich doch
lieber zu haus
und hüte meine maus

mit voller wonne
scheint die sonne
vom himmel herab
grad in mein grab
ich muss mich drehen
um sie nicht zu sehen
drum macht den deckel zu
dann hab ich endlich meine ruh

Werner ist grad fasziniert
doch er blamiert
sich sehr
weil er nicht kann sprechen mehr
hochdeutsch
denn Lara kann nur das
so reden sie mit händen und füssen
und lassen alle grüssen

das wiesel kommt ins spital
da sagt der doktor allemal
die operation
die kommt morgen schon
doch zuerst kriege ich einen sohn

frau Meier will holen sich hennen
um sie zu verbrennen
auf dem grill

ich hocke
nur mit einer socke
auf ner flocke

es ist gut
wenn Reto eine reise tut
wohin solls gehen?
wohin die winde ihn wehen
er geht mit dem skyglyder
von dem ich leider
nichts versteh

der meister
nimmt zu viel kleister
jetzt ist das ganze projekt
verreckt

Hans geht hinaus in den regen
der ist ein segen
doch er geht ohne schirm
jetzt tropft ihm der regen
auf die stirn
und sein gehirn

die sonne scheint vom blauen himmel
und es regnet ziemlich stark
mich regt auf das laute gebimmel
von den schneeglöckchen im park

mein vetter
ganz ein netter
fährt bei gutem wetter
in die Toscana
doch er will nicht bleiben lang da
will wieder zurück
und das an einem stück

ich geh heiter
ein stück weiter
und treff ne laus
die frisst ne maus
ich frag sie kriegst du genug?
ja s liegt mir im blute
meine mutter war ne stute

ich springe
und ich hoff dass es gelinge
dazu ich singe
ganz froh und heiter
auf des „zuges" leiter

ein hund an der leine
und das ganz alleine
was könnte er tun?
aufstehn nun
und sein herrchen suchen
und dazu fluchen

ein hund der fällt vom dach
das gibt nen fürchterlichen krach
und ich kratze
den hund vom platze
ein junge weint
er hat gemeint
s wär sein hund

Seite	Glossar	
009	„mais"	Streit untereinander haben
013	„hintendrein"	hintennach
015	„Franken"	schweiz. Währungseinheit
017	„hab keine Meise"	bin noch recht bei Verstand
018	„wanken"	bewegen
021	„Bern"	Bundesstadt, Hauptstadt des gleichnamigen Kantons (CH)
023	„schwanzen"	rumschwänzeln
025	„Finken"	warmer Hausschuh
027	„Kräcker"	Snack
028	du „muäsch sii däbii"	du musst dabei sein
028	„Samichlaus"	St. Nikolaus
033	„Lumpen"	Lappen
033	„gang go"	geh holen
033	„Zmorgen"	Frühstück
034	hat „halt"	hat eben
035	„pfusen"	usg. für schlafen
037	„zu"	benommen
037	ich bin „zu"	ich bin betrunken
037	geh nochmals „tanken"	geh nochmals Alkohol trinken
038	„hangen"	hängen
038	„Rügen"	Insel vor der vorpommerschen Ostseeküste
038	„jassen"	Kartenspiel
038	„Häschen"	Flittchen
038	das „gurkt" mich an	nicht so derb für: das scheisst mich an
040	„bluttem"	nacktem
041	„Matten"	Wiesen
042	„Züge"	Eisenbahnen
045	„Brettern"	Skiern
045	„wettern"	schimpfen
046	Schnee „schippen"	Schnee schaufeln
046	„haut" ihn auf den Grill	etwas auf den Grill werfen
046	„das wird ja heiter"	iron. das ist sehr unangenehm

046	„Velo"	Fahrrad
048	„Skill"	Fähigkeit, Fertigkeit (engl.)
048	„Wähen"	flacher Kuchen mit süssem Belag
048	„ätsch"!	Ausruf
048	„bei dir zu ankern"	bei dir zu landen
050	„schlecht"	übel
052	„schnallen"	begreifen
055	„in mich hineinschlucken"	in mich hineinfressen
061	„Maite"	kleines Mädchen
067	„Bohnen"	Gewehr-/Pistolenkugeln
070	ein grosser „Mocken"	ein grosses Kind
070	„bücken"	ducken
071	„Brocken"	Bissen
072	„älai"	alleine
073	„Billett"	Fahrkarte
073	„Zuges" / „Zug"	Eisenbahn
073	„Kondukteur"	Schaffner
077	„Rhein"	Strom in West- und Mitteleuropa
079	„Klötzchen"	kleine Bauklötze aus Holz
080	„Sause"	ausgelassene Feier
083	„Cüpli"	ein Glas Champagner
083	„Süppli"	wenig Suppe
083	„Grind"	derb für Kopf
085	„Manon"	Name (damit es sich reimt)
085	„Ross"	Pferd
089	„Puppe"	Flittchen
091	„ach die Bohne"	ach du meine Güte
095	„gang go"	geh holen
097	„gopf"	schwaches Schimpfwort
101	„Seine"	Fluss in Nordfrankreich (franz.)
101	„Puppe"	Flittchen
101	„daheime"	daheim (damit es sich reimt)
101	„Beizen"	Wirtshäuser
103	„Winden"	Dachboden
103	„Billett"	Fahrkarte

103	„am Maisen"	am Lärm machen
103	„gait"	geht
104	„bücken"	ducken
105	„pfusen"	usg. für schlafen
108	„gopf"	schwaches Schimpfwort
113	„Chlaus"	St. Nikolaus
114	„schnaits"	schneit es
116	„gaits"	geht es
116	„Bienen"	hübsche Mädchen
117	„Chlaus"	St. Nikolaus
118	„Lutz"	Kaffee mit Schnaps
118	„Stutz"	Franken
118	„Chlaus"	Depp, einfältiger Mensch
118	„lampen"	hängen
118	„hüt"	heute
120	„blutten"	nackten
120	„Nane"	Grossmutter
121	„hirnen"	ugs. für studieren, überlegen
123	„Chläuse"	Deppen (einfältige Menschen)
124	„lind"	gar, fertig gekocht
125	„posten"	einkaufen
127	„Bienchen"	hübsche Mädchen
130	„Göre"	Frechling, Balg
130	„Bohnen"	Munition
132	„Plätzchen bachen"	„Guätzli" backen
133	„au"	auch
133	„keine Sachen mehr machen"	nichts mehr machen
136	„Chlaus"	St. Nikolaus
136	„was abä mag"	was runter kommt in Unmengen
136	„schlittlä"	rodeln
140	„gang go"	geh holen
140	„Jinks"	gedichteter Name (damit es sich reimt)
141	„Aare"	der längste innerhalb der Schweiz verlaufende Fluss

141	die „struben Buben"	die schwierigen Jungs
142	„Capuns"	trad. Gericht aus dem Kanton GR (CH)
144	„minder"	schlechter
144	„tschutten"	Fussball spielen
144	„blutten"	nackten
145	„chami"	kann mich
145	„Gottvertammi"	starkes Schimpfwort
148	„pfupf"	keine Energie haben
148	„stupf"	ich geb mir einen Ruck
150	„Capuns"	trad. Gericht aus dem Kanton GR (CH)
151	„Grütze"	Nährmittel aus grob zerkleinerten Getreidekörnern
152	„heiter werden"	lustig werden
154	„Göre"	Frechling, Balg
155	„Ranzen"	derb für Bauch
155	„Konfibrot"	Marmeladenbrot
156	„verbii"	vorbei
158	„nai"	nein
160	„stier"	ohne Geld, blank
163	„Gören"	Frechlinge, Bälge
163	„Mocken"	ein Haufen Scheisse der Kuh
164	„Leibchen"	ärmelloses Shirt
165	„fahr ii"	fahre ich
165	„Balari"	Rauschzustand, betrunken sein
165	„Gören"	Frechlinge, Bälge
165	„Frau Rageth"	Psychotherapeutin
167	„halt"	eben
170	„mee"	noch mehr
170	„Puppe"	Flittchen
172	„Matten"	Wiesen
172	„Rausch"	betrunken sein
173	„Zug"	Eisenbahn
174	„das ist mir nicht Wurscht"	das ist mir nicht gleichgültig
175	„druben"	drüben (damit es sich reimt)
175	„es ist ihm nicht drum"	es ist ihm nicht ums raus gehen

175	„Zinne"	Bar
176	„halt"	eben
178	„pfusen"	usg. für schlafen
178	„sie wären mehr"	sie wären mehr als andere
180	wies mir denn „gaht"	wies mir denn geht
181	„au"	auch
181	mit einem „Schlumpf"	mit einem Biss
184	„au verreckt"	schwaches Schimpfwort
185	„Latschen"	ugs. für abgetretener Schuh
187	„no mee"	noch mehr
190	„Säcke"	usg. für Gestalten
192	mit ihrem „Aushang"	mit ihrem grossen Busen
192	„ums Verrecken"	um jeden Preis, unbedingt
193	„au verreckt"!	Ausruf des Entsetzens
193	„Nozinan"	ein Medikament
194	„das fahrt ii"	das gibt einen Kick (Nervenkitzel)
194	„Beiz"	Wirtshaus
195	„Ranzen"	derb für Bauch
196	„Eifel"	Teil des westl. Rhein. Schiefergebirges (BRD)
196	„bücken"	ducken
197	„es hapert an seinen Finken"	es liegt an seinen Hufen (damit es sich reimt)
200	„Beiz"	Wirtshaus
200	„chumm"	komm
200	„über die Rübe drüber"	usg. für eine auf den Kopf schlagen
201	die „festen" Frauen	die ziemlich dicken Frauen
203	„Mettmenstetten"	pol. Gemeinde im Kanton Zürich (CH)
203	„Gören"	Frechlinge, Bälge
204	„Tötzchen"	kleine Bauklötze aus Holz
204	„Noten"	Banknoten
204	„Velo"	Fahrrad
205	„blank"	ohne Geld
206	„bücken"	ducken

206	„Brocken"	Bissen
207	„Gunten"	Pfütze
207	„blank"	ohne Geld
207	„Möhren"	Karotten
208	„no mee"	noch mehr
208	„gopf"	schwaches Schimpfwort
208	„Haag"	Zaun
209	„bücken"	ducken
211	„Bettelein"	kleines Bett
213	„Goof"	schlecht erzogenes Kind
213	„klatscht dem Goof eine"	schlägt dem frechen Kind eine
213	mit „bluttem Ranzen"	mit nacktem Bauch
213	„gang go"	geh holen
214	„gschwind"	geschwind, schnell
214	„das nimmt mich wunder"	ich möchte es wissen
218	„Sause"	ausgelassene Feier
218	„hau" ihn	werfe ihn
219	„Chlaus"	Depp, einfältiger Mensch
220	„Sack"	Tasche
220	„da hilft kein jammern und wehn"	da hilft nichts
222	„Beizen"	Wirtshäuser
222	„gits"	gibt es
224	„seichen"	derb für urinieren
224	„Zug"	Eisenbahn
225	„Sause"	ausgelassene Feier
225	„Finken"	warmer Hausschuh
226	„druben"	drüben (damit es sich reimt)
229	„Ranzen"	derb für Bauch
230	„poppen"	bumsen
230	den „hau ich mir rein"	den esse ich
231	„Buben"	schwierige Jungs
232	„Metzger"	Fleischer
232	„Chaib"	dummer Kerl
235	„den einzigen Brand dens noch gibt hier den lösch ich selber mir"	den einzigen Durst dens hier noch gibt den lösch ich mir selber

235	„kiesen"	erbrechen
235	die „struben Buben"	die schwierigen Jungs
235	„Glacé"	Eis (franz.)
237	„schwanzen"	schwänzeln
238	„nimmt mich wunder"	ich bin neugierig
240	ne „strube"	eine schwierige
240	„wurscht"	egal
242	„bachen"	backen
243	„Metzger"	Fleischer
244	„hai"	nach Hause
244	„schlitteln"	rodeln
244	„Arsch"	derb für Gesäss
245	„Chlaus"	Depp, einfältiger Mensch
246	„voll"	betrunken
250	„ums Verrecken"	um jeden Preis, unbedingt
251	„gelitzt"	umgehauen, gefallen
252	„Beizen"	Wirtshäuser
252	„rote Bete"	Randen
254	„tanzt ne gute Sohle"	ist eine schwungvolle Tänzerin
256	„Schlitten"	grosses, teures Auto
256	„Buben"	schwierige Jungs
256	„gopf"	schwaches Schimpfwort
256	„Saich" machen	Blödsinn machen
257	„Friise"	Frisur
257	„Tram"	Strassenbahn
257	„krampfen"	hart arbeiten
257	„Arsch"	derb für Gesäss
258	„Hintern"	Gesäss
258	„was willsch no meh"?	was willst du noch mehr?
258	„Velo"	Fahrrad
259	„mich nimmt wunder"	ich bin neugierig
259	„Karrette"	Schubkarre
260	„Berner"	ein in Bern wohnhafter Mensch
261	„Knaben"	iron. für Männer
261	„Znacht"	Nachtessen
263	„wurschten"	Würste machen
263	„Metzgerei"	Fleischerei

Brigitte Riederer, geboren am 31. 12. 1953 in Zürich, wohnt schon seit 1974 in Walenstadt SG (CH). Sie hat drei erwachsene Söhne, zwei Schwiegertöchter, Hannes und seine Freundin im eigenen Haus, vier Enkelkinder, ist seit 2003 verwitwet und nach der grossen Liebe in keiner Beziehung mehr.

Ihre Leidenschaften neben dem Schreiben sind: Fotografieren, Encaustic malen, Arbeiten mit Holz, Klavier-, Knopf-Akkordeon- und Mundharmonika- Spielen, Meditation und Qi Gong.

Sie ist ausserdem Kinderskilehrerin, Entspannungstrainerin, Langstreckenschwimmerin mit Brustschwimmen und Encaustic-Kursleiterin.

Sie leidet unter anderem an einer bipolar affektiven Störung (in deren Hochs entstehen jeweils ihre Sens- und Nonsens-Gedichte) und ist häufig in der Kantonalen Psychiatrischen Klinik St. Pirminsberg in Pfäfers SG anzutreffen.

Die Autorin bedankt sich bei der Kantonalen Psychiatrischen Klinik St. Pirminsberg, Pfäfers (SG), für die grosszügige Spende, ohne die ihre Bücher nie hätten realisiert werden können.

Folgende Lyrik-Bände von Brigitte Riederer sind im BoD-Verlag erschienen:

© 2016: Sens- und Nonsens-Gedichte - Band 1 - Der Sinn des Unsinns
© 2016: Sens- und Nonsens-Gedichte - Band 2 - Der Sinn des Unsinns
© 2016: Sens- und Nonsens-Gedichte - Band 3 - Der Sinn des Unsinns
© 2016: Sens- und Nonsens-Gedichte - Das Beste aus Band 1-3 -Der Sinn des Unsinns
© 2016: Sie sind ein Stück von mir...
(Gedichte über die Verarbeitung vom Tod meines Mannes, meiner Krankheit, den Austritt aus der Klinik, an meine Seele und ein Rückblick auf mein bisheriges turbulentes Leben in Gedichtform)
© 2016: Mandalas zum Ausmalen
(In einer Hoch-Phase habe ich Non-Stopp, Tag und Nacht, 63 Mandalas kreiert)
Format 21x21cm
© 2016: Grabstein-Inschriften Band 1
(Verse von Dichtern, Schriftstellern,Persönlichkeiten und ein paar Bibelverse)
© 2016: Grabstein-Inschriften Band 2
(Sinnsprüche, Sprüche über Liebe und Worte des Trostes)

E-Mail-Adresse: brigitte.riederer@bluewin.ch

Die Bücher sind auch direkt bei der Autorin erhältlich